頭痛・認知症診療で クリニック経営を 成功させる技術

磯部 千明
医療法人 札幌いそべ頭痛・もの忘れクリニック 理事長

日本医療企画

はじめに

● 医師人生とクリニック経営を成功させたいすべての人へ

　この本を手に取っていただきありがとうございます。

　もしあなたが医師であり、開業を考えているとすると、その目的をどこに置いているでしょうか。おそらく人の数だけ考え方があることでしょう。

　札幌いそべ頭痛・もの忘れクリニックは、2016年4月1日に開業し、北海道の、いえ、日本の頭痛・もの忘れのハブ空港化つまり拠点の実現を掲げ、現在10年目を迎えました。

　ミッションは、「縁ある人を健康増進医療で幸せに導くために、頭痛の苦しみからスッキリ開放、認知症はもう怖くない、愛あふれる医療を当たり前にするため、"人を治すのは薬ではなく人"」としています。

　この本でお伝えしたいのは、頭痛診療と認知症診療でクリニック経営を成功させる技術です。ただし、医療業界であれば、どの診療科にも応用できるという普遍的なあり方およびやり方を意識して書きました。

　日本国内で頭痛に悩む人は約4,000万人、認知症は予備軍も入れると約1,000万人にも及ぶといわれています。あなたの職場、あるいはご家族のなかでも悩んでいる人はいるはずです。特にクリニックで働く女性や患者さんは、頭痛持ちが多いといわれています。私は、すべての女性は片頭痛で悩んでいるといっても過言ではないと感じています。

神経内科の医師になりたての頃、"頭痛"とは命にかかわる「くも膜下出血」「脳腫瘍」「髄膜脳炎」のみ診断・治療が必要であり、単なる頭の痛さは「症状」であるため、痛み止めを処方すれば患者さんを救えるはずと信じていました。しかし、それは大きな問違いでした。痛み止めを出せば出すほど、むしろ患者さんの症状は悪化していったのです。これは、インフルエンザで高熱を出している患者さんが、解熱坐薬などで熱を下げただけではインフルエンザが治らないどころか悪化することと似ています。

　慢性頭痛が診療するべき疾患として扱われることは、まだ多いとはいえません。しかしながら頭痛は脳神経に起因する疾患で脳に悪影響を及ぼすうえ、片頭痛は仕事や日常生活に支障を来す主要疾患のトップ20に入っており、女性においては上位に位置する疾患です。にもかかわらず、適切な受診や診療が行われないことで、毎日多くの人が苦痛を感じ、生活を妨げられ、生産性の低下により多額の経済的損失を日本経済にもたらしています。

　日本の医学部教育でも取り上げられることが極めて少ない疾患ですが、市中病院やケア施設、精神病院、一般診療所においていかに頭痛持ち（1次性頭痛）が多いかは、おそらく専門医の私だけでなく診療科を超えて多くの医療者が認識していることと思います。

　この本が、開業を考えている医師をはじめ頭痛や認知症診療に関わる多職種の皆さん、これから医療職をめざす人にとって、頭痛や認知症診療のあり方を見つめ直し、クリニック経営や新たな診療を考えるためのヒントになれば幸いです。

　　　　　札幌いそべ頭痛・もの忘れクリニック　理事長　磯部千明

contents

はじめに …………………………………………………………………… 2

プロローグ ………………………………………………………………… 6

第1章　脳神経内科医を志すまで …………… 13

　自分自身の経験が将来を決める　…………… 14

第2章　クリニック経営の理念 ………… 23

　上質な医療を追求するクリニック ………… 24

　頭痛・認知症診療の課題 ………………… 28

　頭痛と認知症のメカニズム ……………… 34

第3章　診療理念は「人を治すのは人」 ……… 39

　理想の未来を実現する事前医療 ………… 40

　当院の診療メニュー ……………………… 42

　すべての治療は正しい病態診断から ……… 52

第4章　診療はチームで取り組む ………… 57

　診療オペレーション ……………………… 58

第5章　人を健康にするプロを育てる ……… 69

　人が育つ文化を醸成する ………………… 70

　知識とスキルを養う育成メニュー ………… 78

部門スタッフとしての役割 ……………… 82

評価システムの整備 ……………… 84

入口戦略としての全員採用 ……………… 86

第6章 集患よりもBusiness to Fan！ …… 89

既存患者さんを大事にする ……………… 90

ファンづくりのための取り組み ……………… 91

第7章 数字で見る診療所経営 ……………… 97

駐車場拡大と増改築による収入向上 …………… 98

第8章 開業を成功させるポイント ………… 103

頭痛・認知症診療に取り組む仲間づくり …… 104

リニューアルが発展を加速 ……………… 109

第9章 院長×事務長　対談 ……………… 117

仕事そして人生のパートナーとして ………… 118

第10章 事例紹介 ……………… 129

おわりに ……………… 138

プロローグ

● 理想を体現した新生クリニック

　2023年2月21日、札幌いそべ頭痛・もの忘れクリニックはリニューアルを遂げ、新しいクリニックへと生まれ変わりました。その全貌をご紹介します。

　当院は札幌市東区に位置し、地下鉄新道東駅からほど近い利便性の高い場所にあります。幹線通りから少し中道に入ったところにある、大きな青い縦看板が目印です。

　扉を開けて広がるのは、25名超の患者さんでもゆったりと腰かけて、順番を待つことができる待合室。イメージしたのはズバリ"健康の道の駅"です。ドライブがてら気軽に立ち寄れる"道の駅"は、美味しいグルメやさまざまな情報が並ぶ人気のスポットですが、当院ではこれを"健康"に特化した空間にしているのです。たとえば、視覚情報の記憶と再生によりMCIリスクを知ることのできる「認知症セルフチェッカー」をはじめ、片頭痛や脳梗塞、疲労のリスクとなるゴースト血管を調べる機器が利用できるほか、各種パンフレットやデジタルサイネージによる健康情報の発信はもちろんのこと、SDGsの観点から地元の採れたて野菜を販売することもあります。

　北海道の代表的な樹木であるシラカバを模した柱には、可愛らしいリスやキツツキのピクトグラムを配し、リラックスできる空間づくりも意識。窓側には電源コンセント付きのカウンターを設けており、待ち時間にパソコンを広げて仕事もできるような環境を作っています。

当院の外観

北海道らしいシラカバの樹を配したロビー

診察室は１階に３つの診察室、２階はマスター負荷心電図検査が可能な心臓血管の専門医によるサテライト外来、管理栄養士によるオーソモレキュラー栄養療法を行うための２つの診察室を用意しています。そのほか高濃度ビタミンＣ点滴療法を行うリカバリ室、心エコー室、脳波室、神経心理検査室も設けています。

　また、２階診察室の前には10名ほどが座れる待合室を設け、私がテレビ出演した動画を流しています。

　2016年４月の開院からわずか７年での増改築となったのですが、増え続ける患者さん、それに伴う機能の拡充は避けては通れないところに来ていました。いくつかの幸運も重なったことから、このようなタイミングでリニューアルしました。自分の経験から言い切れることとしては、あらゆる逆境にはそれと同等、あるいはそれ以上の果実が待っているということです。

　新型コロナウイルス感染症を契機に、社会はおろか医療も大きく変わりました。たとえば、消炎鎮痛薬や抗生剤などによって免疫力が低下した人が増加し、ワクチン接種をしてもコロナという感染症の根本的解決には至りませんでした。

　本来、人間に備わっている免疫力とは、腸内環境や血流の改善、酸化ストレスの軽減、エネルギー確保のほか、考え方や節制・鍛錬といった気の持ちようとも大きく関わってくるものです。私は、あらためて人を治すのは薬ではなく人であるということを実感しました。中国の格言にもある「上医は社会を治し、中医は人を治し、小医は病を治す」のなかの、まさに人を治すことに注力したいと強く思ったのです。

リニューアルにまつわる細かなエピソードは第8章に譲りますが、診療体制ならびに駐車スペースの拡充、スタッフルームの拡張により働く環境が改善されるとともに診療技術も向上し、リニューアル前と比べて患者さんの数は増加し、収入が上がりました。

　医師は常勤1人、非常勤1人の増員ができたものの、常勤3人には達しておらず、いまだ理想とする診療の質や量にはいたっていません。それでも看護師や管理栄養士、診療放射線技師といった職種がマルチな能力を発揮することで、これまで以上に幅広い患者さんのニーズやウォンツに応えられていることを確信しています。

間接照明がやわらかい雰囲気を演出する受付

待合室のカウンター席

光と音に過敏な頭痛患者さんもリラックスできる診察室

広々としたスペースの2階の待合室

第 1 章

脳神経内科医を
志すまで

自分自身の経験が将来を決める

● 幼少期から悩まされた片頭痛

　クリニック経営について本題に入る前に少し自己紹介をさせてください。

　私は1969（昭和44）年11月17日、安雄と洋子の一人っ子として北海道千歳市に生まれました。頭が大きかったことと微弱陣痛により難産となり、帝王切開は免れたものの鉗子分娩による出産となったそうです。同時に黄疸も激しかったため、１週間くらい保育器で過ごしました。ちなみに、頭の大きさは小学校１年生ですでに大人並みの60cmに成長しました。

　それからはすくすく育ったものの、２歳頃から悩まされたのが自家中毒でした。乗り物酔いがひどかったうえ、学校行事があるたびに吐いて寝込み、げっそり痩せるほど。今思えば、脳のセンサーが過剰に敏感で刺激に反応していたことが原因で、将来的に片頭痛になる過程とされる周期性嘔吐症候群といわれるものでした。まるで、片頭痛と認知症を専門とする医師になることを予見していたようだと今になって思います。

　家庭環境といえば、父が芸術好きだったことから、当時の家庭ではめずらしかったヤマハのオーディオ機器やソニーのラジオ付きカセットレコーダー、200枚以上のLPレコードに囲まれて育ちました。モダンジャズやクラシックなどの音楽鑑賞、モネやゴッホなどの絵画にも触れたほか、父は京都にわざわざ石庭を観に連れて行ってくれるなど、芸術的感性が磨かれました。一方、冬にはスピードスケートで足腰を鍛え、運動会では何度

もリレーの選手に選ばれるなどスポーツも万能。そのほか特急の運転手に憧れて時刻表を丸暗記したり、ラジオ番組を作ってアナウンサーに扮したり……。テクノグループのYMO（イエロー・マジック・オーケストラ）の大ファンにもなりました。中学校では両親から団体競技をすすめられてバレーボール部に入部し、2人の親友と出会って仲良しトリオを結成。まるで自分たちも憧れのYMOトリオさながらモノマネをして遊んでいました。そのとき、電子音楽を作るには英語やテクノという科学技術のもととなる数学もマスターするような学歴の高さが必要だと思い込み、勉強に励むようにもなりました。とにかく興味関心が幅広いうえ、こだわったらトコトン突き詰める性格。それは今も変わらない部分だと思います。

　両親は私に十分過ぎる教育と趣味に没頭できる環境を与えてくれましたが、その反面、夫婦仲は最悪と呼べるほどでした。肘に障がいがあった父は職が安定せず、母が一家の大黒柱として働いていたため、代わって私を育ててくれたのが祖母です。両親の激しい喧嘩の末、母が私を連れて実家に帰ることもしばしば。祖母はこうした娘夫婦のいざこざに巻き込まれることにストレスを感じていたのでしょう。私の前で父のことを「ひどい男だ」となじったり、「お母さんは別に結婚したい人がいたけど叶わなかったから、本当は千明は生まれてくる子じゃなかったんだよ」と意地悪な言葉を吐くことがあり、幼心に傷ついた記憶も多くあります。

　こうした幼少期の家庭環境から、不満足な人間関係による不幸や問題行動をなくしたいという思いは、今のクリニック経営の根底にあります。

第1章　脳神経内科医を志すまで

母に抱かれた私

夫婦喧嘩は激しかったものの普通の家庭でした

● 2浪の末、道外の医学部へ

そんな子ども時代を経て、将来を模索していた中学時代。漠然と「自分は集団生活が苦手だし、変化と創造が好きだからサラリーマンには向かないかもしれない」と感じていました。さまざまな仕事を思い浮かべるなか、医師だったらどこに行っても仕事はあるし、技術さえあれば、ある程度自分の裁量で働けそうだと考えました。しかしながら血を見るのは大の苦手……。そこで思い立ったのが歯科医です。しかも好きなクラシックをBGMに流す歯科医になろうと決意したのです。

高校入学後は、どの学部でも良いから北海道大学に進学することが生徒の価値のような教育に疑問を感じ、クラッシック音楽にすべての時間を費やしていたところ、ついに1年生の終わりころに学年ビリの成績となってしまいました。それでも、志望していたのは北海道大学の歯学部であったため、慌てて塾に通って勉強するも時すでに遅し。滑り止めで受験したほかの道内の大学も、まとめて不合格となってしまいました。2度目の受験でも、親のすねをかじるようで申し訳ない思いながら国立大学の歯学部を受験しましたが、これもあえなく惨敗してしまいました。

挫折に打ちひしがれた私は、人生の本当の目的は何かを見つめなおすため、ある日、大学病院の見学をすることにしたのです。そこで遭遇したのが、医師が患者さんから「助けてくれてありがとう」と感謝される光景でした。これをきっかけに、医療にまつわる原体験を思い出しました。

子どものころ、母が整形外科で原因不明の腰痛と足のしびれで苦しんでいたのですが、札幌医科大学の産婦人科で子宮筋腫

第1章　脳神経内科医を志すまで

を見つけてもらい、手術で完治することができたこと。肘が不自由だった父が札幌医科大学で手術をしてもらい改善したこと。そして私自身についても、一般病院では虫垂炎と誤診された自家中毒を小児科専門医が診断をつけ、ブドウ糖注射により治してくれたこと――。助けてくれた医師への感謝がまざまざとよみがえり、医師という職業への憧れを強くしました。

　気持ち新たに、これで受験も最後にしようと、当時最も厳しい予備校として有名だった"牢獄予備校"ならぬ両国予備校へ入校。高額な学費は、親の援助と私の貯金を使い果たして賄いました。寮付きの予備校で死ぬ気で勉強した末、第1希望だった札幌医科大学は不合格だったものの3度目の受験で滑り止めで受験した岩手医科大学医学部に正規合格することができました。

　両親には、6年間できっちり卒業して北海道に帰ってくることを約束し、挫折感と達成感が入り混じった気持ちで岩手に向かった日のことは忘れられません。

● 病がきっかけで脳神経内科医を志す

　いざ入学してみると8割以上の学生が、親の職業が医師でマイカーを乗り回すなど、当時の私は馴染めない環境でした。医学生のモデルとなるような学生だったとは言えませんが、理想とする医師になるため自分なりに学業に精を出しました。

　6年生に進み専門とする診療科を決めるとき、魅力を感じたのは、いざとなったら離れ小島にいたとしてもハンマー1本で目の前の患者さんを診断できる脳神経内科でした。

　脳神経内科は、こう言っては何ですが、脳神経外科と比べ少々地味、内科学書においては最終章の最もページ数が少ない

位置に追いやられる診療科です。かつ当時は原因不明で治療法が見つからない病気ばかりの難解なイメージが一般的でした。それでも志望したのは、私が大学5年生のときにギラン・バレー症候群を発症した経験が大きく関係しています。

当時、胃腸炎とキャンピロバクター胃腸炎を発症したのですが、いつまで経っても体調が復活せず、手足に力が入らないうえ、立っていることもままならないほど体調が悪化していきました。さすがに恐ろしくなり体を引きずって大学の神経内科講座の先生に相談に行ったところ、メディカルハンマー1本でギラン・バレー症候群であると診断してくれたのです。原因不明の病に不安で支配されていたのですが、診断がついたら改善に向かって策を講じれば良いと前向きな気持ちになることができました。これが脳神経内科医を志す大きなきっかけとなりました。

診療科のニーズとしても、国内で頭痛に悩む人は約4,000万人、認知症患者および予備軍はすでに1,000万人に到達していると考えられています。さらに、国民の5人に1人の割合でかかる脳卒中、100万人の患者がいるといわれるてんかんなども対象範囲です。特に高齢者てんかんによる一過性健忘は、アルツハイマー型認知症と誤診されることがあり、社会問題にもなるほどです。本来、難病の位置づけとなるパーキンソン病も超高齢社会によって増加傾向にあるなか、脳神経内科は他の内科と比べて医師も専門医も少なく、将来重宝されることは確実でした。

こうして「どうせやるなら、これから解明されて脚光を浴びる領域であり、わが国の広範囲を占めるコモンディジーズな領域を診たい」という気持ちにしたがうことに決めました。

第1章　脳神経内科医を志すまで

● 研究職をあきらめUターン

　1996年、晴れて脳神経内科医となった私は、当時から認知度が低いといわれていた北海道の神経内科には進まず、母校である岩手医科大学の神経内科に入局。以来、二戸市や大船渡市、盛岡市などにある関連病院において、五大疾患の研鑽を積みました。研究分野では、主に神経変性疾患における神経伝達物質やフリーラジカルをテーマに、毎年、神経学会等で発表し、医学博士号も取得しました。

　順調に脳神経疾患の実績を積み重ねていた日々でしたが、あるとき上司であった助教授が、教授選の熾烈な闘いに敗れて病院を去ることになったのです。後ろ盾がいなくなり研究の道が途絶えてしまった私は、すっかり意気消沈。親とのかつての約束を果たす時期に来たとも感じ、北海道へのUターンを決意したのでした。

　こうして心機一転、2005年から千歳市や札幌市の病院で頭痛外来やもの忘れ外来を担当しました。道外ではめったにないことかもしれませんが、内科に配属となり脳神経内科の頭痛外来や物忘れ外来、脳卒中、てんかんに加え、一般内科の診療も並行するという超が付くほど多忙な日々を送りました。

> **逆境エピソード** 閉ざされた研究職の道
>
> 　大学病院時代、教授選に敗れて去った上司の代わりに新任した先生が同じ千歳市出身。「君とは縁がある」と一時は大学に引き留められ、慶應義塾大学に国内留学させてもらう話が浮上しました。すっかりその気になった私は、マンスリーマンションのあてもつけたのですが、他大学で学位を塗り替えることになると異論の声が挙がり、話は白紙になってしまいました。望んでいた研究職ですが、今となってはあれがなければ開業することもなかったわけで、人生は面白いものだと感じています。

● 45歳で開業へ

　約10年の間、北海道で勤務医として働くなかで痛感したのは、脳神経内科の認知度の低さ。勤務医時代の最後の病院では、脳神経内科専門医の育成をするべく研修医の募集をしましたが、1年半という期間のうち応募者はたった1人。それでもうれしかったことを覚えています。

　専門医がいないと誰が最も不利益を被るのでしょう。言うまでもなく患者さんです。頭痛や認知症でどこにかかって良いかわからない、医療機関を受診しても明確な治療方針が示されない――。そんな問題がそこかしこに溢れていると感じていました。

　脳神経内科が置かれている現状への問題意識、あわせて自身の年齢が45歳に近づき、独立には最後のチャンスになるかもしれないとの危機感。これらが重なったことが開業を決意するきっかけとなりました。

第1章　脳神経内科医を志すまで

そして2016年4月、「札幌いそべ頭痛・もの忘れクリニック」を開業。ここでの紆余曲折については第8章でお伝えします。

> **column** 脳神経内科の病気を公表している著名人は多い
>
> 脳神経内科領域においては、かのロナルド・レーガン元米大統領はアルツハイマー型認知症、マーガレット・サッチャー元英首相は脳血管性認知症、ヨハネ・パウロ二世はパーキンソン病、医療法人徳洲会の創設者である徳田虎雄氏は筋萎縮性側索硬化症を罹患していると公表しています。

Point

- ★ 人生の目的が明確になると人生の質が変わる
- ★ なりたい医師像を明確にする

第 2 章

クリニック経営の理念

上質な医療を追求するクリニック

● 三方良しの経営

　札幌いそべ頭痛・もの忘れクリニックは、「頭痛」と「認知症」を診療の軸としています。診療のモットーは、医師まかせや経過観察で済ますような受動的医療ではなく、患者さん自身が健康で悔いのない人生を実現するための自己治癒力を高める「主体的医療」の実践です。当院ではこれを「上質な医療の追求」という目標として掲げ、全スタッフ一丸となってめざしています。これは言い換えると愛する人を紹介したくなる医療の追求ともいえると思います。愛する人を大切にする願いとは終わりがないものであり、永遠に完成するものではないかもしれません。

　これらの実践が、スタッフ・患者さん・社会の三方すべてが満足し、利益を得られる"三方良し"の経営を可能にすると考えています。三方のうち一方でも不利益を被るような仕事は、行うつもりはありません。

　そして今だけでなく今後も3者にとって良い選択をしていくことで、明るい未来の実現に向かっていきたいと考えています。

● 当院のミッション・ビジョン・バリュー

ミッション・ビジョン・バリュー

１．ミッション（使命）

縁ある人を健康増進医療により幸せに導く力のある組織として、日本の頭痛の苦しみからスッキリ解放する、認知症はもう怖くない愛溢れる医療を当たり前にするため、"人を治すのは薬ではなく人"

２．ビジョン（未来像）

当院で働くメンバーすべての物心両面の幸福を追求すると同時に、2030年までに日本一の頭痛・もの忘れのハブ空港クリニックを達成する。そして北海道一の社員給与を出す

３．バリュー（価値）

社会へ貢献する名誉ある役割を担い、責任を果たす。自己肯定感を常に高く持ち、相手の良いところを肯定し、お互い感謝をする。感謝の心（内的動機付け）で組織の向上のために、笑顔でアウトプット（挑戦）し続ける。礼儀正しく、誠実に徹する。職員個々は夢を持ち、常に自己の改善に努める

第2章　クリニック経営の理念

Philosophy【7つのフィロソフィー】

1．達成

私は仲間と定めた目標に対して100％の達成が当たり前です。

2．責任

私は仲間と決めたことは、すべて私がやるべき仕事です。圧倒的責任感を持ち責任をもって仕事をやりきります。

3．情熱

私は仲間と決めたことは、妥協せず何が何でもと情熱をもって実行します。

4．協力

私は組織の目標達成のために、必要なことを喜んで行います。組織の達成が自己の成功です。

5．スペシャリティ

私は自分の職種に自信を持ち、プロフェッショナルとして卓越し、自分の業務のピンになります。

6．挑戦

私は限界をもうけず、さらなる可能性に向かって挑戦し続けます。

7．規律

私は組織の規律を守り、ご来院者とクリニックと仲間を守り抜き、日本最高のチームを創造します。

● 志を一致する「人軸経営」

　私が当院を経営する目的は、前述のように「縁ある人を頭痛の苦しみからスッキリ解放すること」「もう認知症は怖くない、愛溢れる医療を実践すること」です。

　これらの目的を果たすうえで大切にしているのが、人を軸にした経営「人軸経営」です。企業が経営するために必要な資源として、主にヒト・モノ・カネがあります。利益ばかりを追求する企業は、カネ・モノ・ヒトの順番でヒトをコストとしてとらえてしまっている恐れがありますが、最も最優先するべきはヒトであるという考え方です。

　人軸経営の実践のためには、まずは経営者自身が、クリニック経営以前に個人としての人生理念をどう持っているかが問われます。私は「愛を土台とした挑戦、誠実、感謝」を自分自身の人生理念に掲げています。これを基盤に、経営者は健全な人間観を持ち、教育者であらねばなりません。スタッフは決して組織の駒ではあらず。患者さんの生活の質を高める使命があるとともに、スタッフ自身がこの組織で成長し、自己実現をかなえる場になることを願ってサポートしたいと考えています。

　自己実現を図るには、組織内で良好な人間関係と成長する環境が両立していることが大前提です。当院では、アメリカ人の精神科医が提唱する「選択理論心理学」の概念を取り入れています。これは人の行動は自分の内的な欲求や価値観に基づいて決定されるものであり、決して外的なコントロールによるものではないという概念です。要するに人は思い通りに動くものではないという意味でもあります。これが人間関係を円滑にし、自己の成長を促進する人軸経営のポイントです。

頭痛・認知症診療の課題

● 2つの診療科を掲げたワケ

　当院が標榜するのは、名前通り「頭痛」と「認知症」です。この2つの診療科を掲げた理由は第1章でも少し触れたように、どちらも患者数が多く身近な疾患である割に、専門医が少ないため大きなニーズがあるということです。ましてや両診療科を掲げるクリニック名は私が知るところではなかったことも、差別化を図るうえで有効と考えました。

　頭痛専門医は、私のような脳神経内科医もしくは脳神経外科医が取得していることがほとんどです。では両者の違いはどこになるかといえば、私見にはなりますが、脳神経外科医は画像所見や診断基準を基に手術を含めた治療方針を掲げるケースが多い傾向にあります。対して脳神経内科医は、脳・神経系の異常から起こる病気の原因を追究する診療科です。たとえば加齢や精神的なものと片付けられてしまいがちな症状として、頭痛や首の痛み、めまい、しびれ、ふるえ、眠れない、内臓不具合などが挙げられます。しかし人間の"神経系"は、シグナル情報として記憶や認知・感情、感覚、身体の動きといった全身のあらゆる機能と深く関係します。目に見える原因が見つからなくとも、さまざまな徴候からメカニズムをひも解き、解剖学、生理学、生化学、薬理学、免疫学などの観点から原因を探求し、全身を診るのが脳神経内科医なのです。

　このことから、脳神経内科は脳神経系医療の総合診療科といえるでしょう。

● 職場と家庭に影響を及ぼす片頭痛

片頭痛は頭の痛さだけではなく、日常生活や仕事に大きな影響を及ぼす点が指摘されています。世界保健機関（WHO）は、世界疾病負担（GBD）研究において、片頭痛を障害生存年数（Years Lived with Disability：YLD）が増加する疾患の第2位に位置付けており、片頭痛は日常生活への負担がきわめて大きい疾患であることが明らかになっています。

それもそのはず、片頭痛とはその病名だけでは想像できない多岐に渡る症状があるためです。当院に来院する患者さんも、日常動作で首の後ろがギューッとこわばる、風があたっただけで痺れる、目の奥や側頭部がドクドク脈打ったような感覚がする、嘔吐や立ちくらみ、腹痛、微熱、冷や汗、どっと疲れて横になるなど、その症状は数え上げればキリがありません。

そんな状態が続くことにより、心配してくれる家族でさえも疎ましく感じたり、不機嫌な態度でコミュニケーションを図るのが億劫になるなど、家庭内の不和を生む原因にもなりかねません。

当然のように職場においても、頭痛に悩む多くの人が痛みに耐えながら働くケースがみられ、それは仕事の生産性を低下させる一因にもなります。パソコン等のディスプレイを使った長時間の作業によって目の疲れや首・肩のコリが生じる「Visual Display Terminal症候群」を併発するケースも多く、集中力低下を招きます。不調が積み重なって欠勤や勤務態度の悪化を招き、周囲から烙印を押されてしまう恐れもあるでしょう。こうした状況に本人も片頭痛をスティグマとして隠し、ネガティブな考えや行動を招いてしまう恐れもあります。

第2章　クリニック経営の理念

　さらに私がそうだったように、子どものころから片頭痛に悩まされる人も多くいます。「頭が痛いから暗い静かなところで休みたい」と訴えても、大人からは「そんな暗い性格だから頭が痛くなるの。外で遊んできたら治るよ」など、特に小児の頭痛は精神的なものと誤解されやすい面があることも問題です。

　以上のように、片頭痛を抱える患者さんは子どもから中高年と幅広く、これからの日本を支える生産年齢人口と呼ばれる世代です。健康問題による出勤時の生産性低下をプレゼンティーズムといいますが、頭痛の診療ガイドラインではこれを国内における経済的損失にすると年間3,600億円〜2兆3,000億円に上ると推計しています。

　一方、認知症で最も憂うべきは、認知症を抱える高齢者を要介護者であるとする社会の決めつけではないでしょうか。戦争や飢えを経験し、平和の尊さについて身をもって知る世代として、私たち現役世代は敬意を持って接しなくてはなりません。

● 軽視されがちな頭痛という病

　頭痛がQOLに及ぼす影響が大きいにもかかわらず、医療機関にかかる人は約30％程度（OVERCOME研究）といわれているのが現状です。大半の人が市販薬を飲んでやり過ごし、そのまま学校や会社に通っていることになります。

　なぜ、医療機関を受診しないのか。それは医療機関に行ったとしても、くも膜下出血や髄膜炎などの2次性頭痛の否定の後、医師が放つ言葉が「ただの肩こりですよ」「痛み止めでも飲んで睡眠をとってください」など、その場しのぎの対応となっていることが多いからではないでしょうか。

column 片頭痛の診断に至らないフレーズ

　頭痛を訴える患者さんが来院した際、あるいは患者として医療機関を受診した際、こんな根拠のない言葉行ったり、言われたりすることはないでしょうか？　診療科別のよくあるフレーズを並べました。

内科→「風邪でしょう、寝てなさい」

婦人科→「生理痛・更年期でしょう」

小児科→「起立性調節障害・自家中毒でしょう」

消化器科→「胃腸炎、逆流性食道炎、過敏性腸症候群でしょう」

耳鼻咽喉科→「メニエール症候群でしょう」

メンタル科→「ストレス・不眠でしょう」

整形外科→「頸椎の変形・姿勢が悪かったのでしょう」

脳神経外科→「異常ない、ただの頭痛でしょう、肩こり頭痛・筋緊張型頭痛でしょう」

神経内科→「片頭痛かもしれません」

頭痛外来→「片頭痛でしょう」

第2章　クリニック経営の理念

　この対応にいたる理由の1つには、医学部教育のなかに頭痛そのものに特化した診療カリキュラムが非常に少ないことが指摘されています。当院の片頭痛患者さんにおいても、過去にかかった医療機関でついた病名は、肩こり頭痛、緊張型頭痛、ストレスによる頭痛、疲れ目による頭痛、生理痛、風邪気味の頭痛——。「片頭痛は血管が原因だからズキズキしなければ片頭痛ではない」「片頭痛は閃輝暗点がでなければ片頭痛ではない」といった診断も散見されます。

　以上のことから解決策はないと絶望し、医療機関での治療をあきらめてしまった人はたくさんいると推察します。

　身近な疾患である分、軽視されがちな頭痛ですが、近年では経済産業省がすすめる「健康経営」の調査において、ヘルスリテラシー向上のための教育の対象項目として「片頭痛・頭痛」が追加されました。プロジェクトチームを立ち上げ、課題解消の舵を切った企業もあるそうです。少しずつ頭痛という疾患に対し、社会の理解が広まっています。

★◎ Q42. 従業員の健康意識の向上を図るために、健康保持・増進に関する教育をどのように行っていますか。（いくつでも）

- ◆Eラーニングやウェビナー等での実施を含みます。
- ◆啓発書類の配布・イントラ掲示やメルマガ配信等、単なる情報提供は除きます。
- ◆保健指導は除きます。Q48でご回答ください。
- ◆女性の健康課題に特化した教育は除きます。Q53でご回答ください。
- ◆たばこに特化した教育は除きます。Q62でご回答ください。

	1 社内担当者による研修・セミナー		2 社外講師による研修・セミナー
	3 Eラーニングによる研修		
	4 その他		
	5 特に行っていない ⇒不適合		

SQ1.（Qで「1」～「4」のいずれかとお答えの場合）どのような内容の教育を行っていますか。（いくつでも）　また、そのうち特に重視しているものを1つだけお答えください。

	1 メンタルヘルス		2 がんの予防
	3 運動奨励		4 食生活・栄養
	5 睡眠		6 片頭痛・頭痛
	7 肩こり・腰痛		8 目の健康（ドライアイ等）
	9 歯と口の健康		10 メタボ対策
	11 感染症対策		
	12 その他		

特に重視：

出典：経済産業省 令和3年度健康経営度調査のサンプルシートより抜粋

頭痛と認知症のメカニズム

● 片頭痛は脳と全身の神経疾患

　ここで頭痛と認知症の基本的なメカニズムについて、あらためて簡単に解説します。本書の主題は「クリニック経営」であるため、あくまで基礎的知識のみであることをご了承ください。

　まず、片頭痛は脳と全身の神経疾患であることを理解しておきましょう。分類としては、1次性頭痛と2次性頭痛があります。頭痛自体が疾患である1次性頭痛は、代表的なものに、(1)片頭痛、(2)緊張型頭痛、(3)三叉神経・自律神経性頭痛、(4)その他の1次性頭痛——以上に分けられます。なかでも片頭痛は、頭の痛みだけにとどまらず、光・音・臭いがつらい、立ちくらみがする、生あくびや涙が多い、めまい・耳鳴り、歯ぎしりといったさまざまな症状が出現します。

　一方、2次性頭痛は、くも膜下出血や髄膜炎など、何らかの器質性疾患の一症状としてあらわれる頭痛のことを指します。今までにない強さの頭痛や急に起こる激しい頭痛、徐々に強くなる頭痛、発熱や麻痺など症状を伴う頭痛を引き起こし、麻痺や高次脳機能障害などの重篤な障害を残したり、生命をも脅かす恐れが生じます。迅速かつ的確に診断・治療する必要があり、身体の危険を知らせているシグナルともいえます。

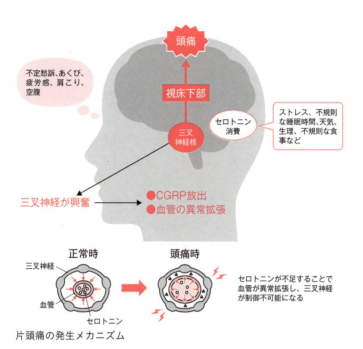

片頭痛の発生メカニズム

第2章　クリニック経営の理念

● 認知症は防げる病気？

　認知症は発症原因により、(1)アルツハイマー型認知症、(2)血管性認知症、(3)レビー小体型認知症、(4)前頭側頭葉変性症に分けられ、約半数を占めるのがアルツハイマー型認知症です。原因は確実に判明していませんが、通常は脳内のゴミとして排出されるタンパク質が異常な状態の「アミロイドβ」となって処理しきれなくなり、「老人斑」と呼ばれるシミをつくるといわれています。このとき加齢や生活習慣病などによって血管が硬くなっているとアミロイドβを適切に排出することができず、神経原線維変化（タウ）を引き起こして神経細胞が脱落し、脳の萎縮を招きます。

　しかしながらゴミを処理する能力が高ければ、神経細胞が脱落しないよう防ぐことも可能です。症状を悪化させる促進因子としては、一部、遺伝的素因もありますが、あまり身体を動かさない人や高血圧、睡眠不足、落ち込みやすい人は要注意。反対に防御因子としては、何歳になっても楽しむことを忘れない人や、運動習慣があって興味関心が豊富な人、魚好きで少量のワインをたしなむ人はアルツハイマー型認知症になりにくいといわれています。

column CGRPの役割は悪玉？　それとも善玉？

　片頭痛は、なかなか他者には理解できない苦しみです。その辛さを表すとしたらわかりやすいのが、片頭痛のない健康体の人が登山をしたときに起こり得る「高山病」です。標高が高くなると気圧が下がり、酸素濃度が低下して体内の酸素が不足することにより、引き起こされるこの症状。高山病になると生じるのが、吐き気やめまいを併発するズキズキとした頭痛ですが、これは神経系で働く神経ペプチドの一種であるCGRP（カルシトニン遺伝子関連ペプチド）の放出が増加し、脳内の血流を変化させることで頭痛の引き金になるのです。

　このCGRPが、まさに片頭痛の原因となる物質であり、三叉神経から放出される神経ペプチドです。そのため片頭痛の人は、毎日高山病が起こっている状態と同じということ。加えて、脳が過敏であるということは、心理学の概念からはHSP（Highly Sensitive Person）ともいえます。感受性豊かで環境変化やストレスに敏感な人は、脳が過敏で偏桃体の興奮を鎮めることができない性質も指摘されています。

　しかし、片頭痛も決して悪いことばかりではありません。片頭痛の人には天才型が多いことを知っていますか？　ベートーヴェンやダーウィン、芥川龍之介に石川啄木——。その名を挙げればキリがありません。

　私たち医療者は、そうしたメリット・デメリットを含めた正しい知識を発信し、片頭痛への社会の理解を深めていく責任があると考えています。

第2章　クリニック経営の理念

逆境エピソード　前医の診断を覆して受けたクレーム

　現代の医学教育の大半が2次性頭痛の診断と除外であることから、私のような専門医でなければ片頭痛の診断はなかなか難しいのが実情です。

　開業当初は前にかかった医療機関の診断を覆すことも多く、前医から苦情を言われることが度々ありました。その度、私は国際頭痛診断基準の診断を添え、誠実に返信するよう心がけていました。そのかいあって、少しずつめまいクリニックや耳鼻科クリニック、リワークを推進するメンタルクリニック、脳神経外科病院などから紹介いただくことが増えていきました。

　また認知症においては、多剤併用によるせん妄を合併した健忘症状が認知症を分かりづらくするため、他院の薬の服用を止めるよう伝えることがあります。しかしその他院の医師からは薬の継続服用を指示され、患者さんが板挟みにあってしまうケースが多々ありました。当院としては正確で客観的かつ中道な情報を提供したうえで、ご本人とご家族に決めていただくよう誠意を尽くしました。なかには自宅で暮らすことを望む患者さんもいるため、訪問診療の導入を提案し、関係機関と連携しながら支援を継続しています。

Point

★ クリニック経営の本質は、患者さん、スタッフ、社会にとって三方良しが望ましい

第 3 章

診療理念は
「人を治すのは人」

理想の未来を実現する事前医療

● 自己治癒力の向上を後押しする

　診療の基本理念は、「人を治すのは人、人生は思考と行為の選択」を掲げています。人が幸せを感じられない原因の多くが、不満足な人間関係、そして外部からの刺激によって無理やり変化を強いられるような外的コントロールに起因するのは、皆さん痛感していると思います。そのため当院では、幸せな人生を実現するために、病気を薬で治療するだけではなく人として健康でいられるよう、医師をはじめ看護師や臨床心理士、管理栄養士などさまざまな専門家が患者さんの問題を解決するパートナーとして関わっています。

　「思考と行為の選択」とは、自身の健康増進に主体的に関わり、責任のもとで自由な選択をすることの大切さを意味しています。これはいわば当院が実践する、薬に頼らず健康レベルを改善する「自己治癒力の向上」を目指した治療技術の促進となります。

　日本の医療は、病気になってから医療機関にかかり、医師に言われたまま薬を飲んで改善を待つ、いわば受動的医療が主流のように感じられます。不調を訴えて検査しても肉体的な異常が認められなければ「様子を見ましょう」「精神的なものでしょう」と突き放されることも多いのではないでしょうか。とりわけ片頭痛に関しては、長年苦しんできて薬では治らないとあきらめている方が大勢います。

　そのため当院では、まず頭痛の原因や認知症などの早期発見

に努めます。非ステロイド性抗炎症薬（NSAIDs）のような急性期治療薬は極力使用しないほか、発作抑制薬と漢方薬の組み合わせ、さらにオプションとして分子整合栄養医学（オーソモレキュラー栄養療法）や鍼灸、水素療法といった自由診療の選択肢も盛り込んだ生活習慣の改善および心理療法を通じた根本的な原因解決をめざしています。

● 西洋医学×漢方医学×オーソモレキュラー

　具体的な治療は、脳神経内科領域の西洋医学を基に、漢方医学やオーソモレキュラー栄養療法なども取り入れながら、あくまで主役である患者さんの問題解決の意思を尊重し、一緒に治療を選択できるようにしています。

　特に脳の疾患である片頭痛は、脳が生まれつき敏感なため、病気そのものを標的にする西洋医学だけで症状をきれいさっぱり治すのは至難の業です。むしろ薬をやみくもに服用してしまうと、薬剤使用過多に伴う頭痛を引き起こす恐れが生じます。そのため、頭痛の診療ガイドラインに沿って予防療法が適応になるか参照したうえで、病気そのものを治すとともに、病気を抱えるその人自身を治す自己治癒力の向上を徹底します。

　「事前の一策は事後の百策に勝る」とのことわざがありますが、医療もこれに同じ。私は、病気に焦点を当てる"予防"では十分ではないとし、10年後の自身の健康を実現するべく、脳やエネルギー、血流、腸、栄養など全体を最適化した「事前医療」と定義し、その価値を大事にし続けています。

当院の診療メニュー

● あらゆる角度から健康を促進する

1. オーソモレキュラー栄養療法（分子整合栄養医学）

　片頭痛症状や認知症状を起こさないようにするための生活習慣の見直しの1つとして、当院はオーソモレキュラー栄養療法に注力しています。

　脳と栄養が関係するとは意外に思う方もいるかもしれません。しかしながら脳の神経の情報ネットワークには、3大栄養素となるタンパク質が分解されたアミノ酸から合成されるドパミン、ノルアドレナリン、セロトニンといった神経伝達物質が不可欠です。これらの神経伝達物質は口から摂取し、胃腸で消化した後、小腸で吸収し、肝臓で合成されて、血流に乗って脳に達します。したがって、片頭痛の根底にある腸の不調状態の改善を図るのが効果的な理由です。近年では、脳と腸との密接な関係性を「脳腸相関」と呼び、注目を集めています。私はよりインパクトの強い「腸脳力」とも呼び、重要性を訴えています。

　たとえば脳の重量は、体重の2％に対し、通常エネルギー量の25％を消費します。そして脳に流れ込む血液量は、心拍出量の15〜20％にも及びます。脳の60％は脂質、40％はタンパク質でできていることからも、良質な脂質とタンパク質を摂ることが大切なのです。

　特に片頭痛の要因の1つとしては、セロトニンの欠乏が指摘されています。三叉神経にあるセロトニン受容体の過活動が起こると、疼痛感受性が高く、痛みにも非常に敏感になります。

セロトニンは、タンパク質や鉄、ビタミンBを介して腸の上皮から作られるものであるため、これが欠乏することで腹痛のある腹部片頭痛をはじめ、気持ち悪くなる悪心、乗り物酔い、イライラ、パニック、躁鬱が生じる恐れがあるのです。この発症メカニズムから、腸の働きを改善し、セロトニンの原料となるタンパク質とこれを消化する酵素としてのタンパク質を減らさない食事の摂取を推奨しています。

さらに、必要となるのが鉄です。細胞の電子伝達系でエネルギーを作る際に必要な働きをするとともに、セロトニンの補酵素でもあるためです。日本の土壌は鉄の含有量が少ないといわれることもあり、これも日本人の鉄不足の要因の一つとなっています。アメリカやイギリスでは、食品に鉄や葉酸の添加を義務付ける制度もあるほど、人間にとって不可欠な栄養素なのです。

当院では、オーソモレキュラー・ニュートリション・プロフェッショナル（一般社団法人オーソモレキュラー栄養医学研究所）の認定資格を有する管理栄養士を中心に、２人体制で患者さん一人ひとりにあわせた最適な食生活指導、プラスアルファとなる栄養素の選択肢を提案しています。

２．漢方治療〜本来の治癒力をさらに引き出す〜

東洋医学の１つとして漢方を扱っており、処方率は９割を超えています。漢方は、さまざまな病状に対し、本人の治癒メカニズムが対応できるようにする作用があり、必要なときにsometimes（ときどき）薬理作用を発揮します。一方の西洋薬は、always（いつも）薬理作用を発揮します。

例えば、浮腫みがあるときに利尿薬を処方すると尿量は当然

第3章　診療理念は「人を治すのは人」

増えますが、浮腫みがないときにも利尿し続けてしまった結果、脱水症状を引き起こす場合があります。しかし漢方であれば、体内の水が過剰な場合は排泄を促し、不足している場合は保持する利水効果を発揮し、体内の水分バランスを整えてくれます。このような漢方薬の特徴を考慮し、検査で異常はないのに自覚症状がある場合など、原因が特定できない慢性の病気や、体質がもたらす病気に対して処方しています。

　降圧薬の服薬を継続していることで、血圧が下がりすぎて意識がもうろうとしたり、意欲低下がみられるケースがあります。漢方では、血圧が高い人には下げる作用が働き、低い人には上げる作用が働くなど、本人にとって最適なバランスに戻す作用である「中庸」の効果があると考えられています。

　片頭痛の漢方として代表的なものが、呉茱萸湯です。頭痛にともない、手足の冷えやみぞおちの張りといった症状がある場合に処方します。構成生薬に含まれる、にんじんと大棗という胃薬が、頭痛にともなう吐き気や嘔吐、しゃっくりに効果的です。また、ミカン科の呉茱萸と呼ばれる生薬とショウガが体もポカポカにします。片頭痛が起こったときに、早めに飲むことをおすすめしています。しかしこの漢方、とても苦く美味しいとは言えません。まさに良薬は口に苦し。患者さんには我慢して飲んでいただきましょう。

　また漢方というものは、症状改善以外に健康を維持・増進を図るためにも有用です。人間は、加齢とともにさまざまな機能が低下して体力が衰えたり、思考速度が衰えたりと、たくさんの疾患を抱えるようになることは避けられません。しかしながら、生活の質を維持し、最後まで自分らしい納得いく人生を送りたいという望みすら捨ててしまってはもったいないことです。

44

一人ひとりの人生を尊重し、単に症状を抑えるだけでなく、その人らしい生活のお手伝いをしたいと考えています。このような理念は、全身の機能をサポートし、本来その人に備わっている力を引き出す漢方と相通ずるところであるという点が、積極的に取り入れている理由です。

なおかつ漢方医学における片頭痛とは、何らかの原因によって「気」や「血」の巡りが悪くなった状態を指します。たとえば片頭痛の原因が冷えだとすると、体に余計な水が溜まって胃腸の働きが弱くなり、吐き気や嘔吐が生じます。そこで西洋薬ならば痛みを抑えることを目的としますが、漢方薬は片頭痛症状を引き起こしている体質的な問題を見極め、そこに働きかけて関連症状が起こりにくいような体質改善を行います。これにより、鎮痛剤やトリプタン製剤といった西洋薬の服用量を減らす効果も期待できます。

漢方をおすすめするケース

☐ 自覚症状があるのに、医療機関で「異常なし」「原因不明」と診断された

☐ 西洋医学的な治療を受けたが、十分な効果が得られなかったと感じている

☐ 西洋医学で処方された医薬品の副作用に悩んでいる

☐ 冷えやのぼせ、肩こり、便秘、下痢などのちょっとした不調に悩んでいる

☐ 不眠やイライラ、疲労がつらいなど、心身両方に症状がある

☐ 使用している西洋薬が多く多剤併用となり、かえって健康状態が悪化している人

第3章　診療理念は「人を治すのは人」

　特に高齢者の場合、5種類以上の服薬、あるいは1種類でも不適切薬を服用している場合などは、さまざまな副作用が起こりやすくなります。「お医者様は絶対」であるとまるで神様のように信じ込んで多剤併用を相談しない人や、病気を過剰に恐れるあまり本来人間が持っているホメオスターシス（恒常性）を乱してしまっている状態の方も散見されます。今、飲んでいる薬は生命にかかわる病気のためなのか、採血などでたまたま見つかった軽度の異常なのか、一時的な軽度の症状に対して長期的に服用していないか、といったことを医療者のみならず患者さん自身もよく検証する必要があります。

3．高濃度ビタミンC点滴療法〜抗ストレスに効果を発揮〜

　美容効果が注目されがちなビタミンCですが、その働きは免疫力の向上ほか、鉄の摂取や酵素の働きを活発にするなど、さまざまな効果が期待されています。また、認知症や片頭痛を引き起こし、悪化させる一因となる疲労への回復力を高める効果も指摘されています。人間の身体は、副腎皮質において生命維持のために欠かせないホルモンであるコルチゾールを適切に分泌することで、一時的なストレスに対処します。ビタミンCはこのコルチゾールの働きを助ける機能があるのです。

　当院では、1回の点滴でおよそ25g以上のビタミンCを静脈内に点滴投与し、ビタミンCの血液中の濃度を一気に高める高濃度ビタミンC点滴療法を取り入れています。

　さらにサプリメント（ビタミンB、鉄・マグネシウム・BCAAなど）も患者さんに合わせてご提案し、頭痛の苦しみからの解放を一緒に解決していきます。

> **column** 大学時代から没頭した「フリーラジカル研究」
>
> 　抗酸化作用を持つビタミンCは、活性酸素「フリーラジカル」に対して強い効果を発揮することが明らかになっています。不安定で酸化作用が強いフリーラジカルは、増えすぎると老化促進や病気をもたらしますが、抗酸化物質を摂取することにより消去することが可能です。その代表的な物質が、ビタミンCをはじめコエンザイムQ10などといわれています。
>
> 　私は大学院時代から、パーキンソン病患者さんおよびアルツハイマー患者さんとコエンザイムQ10の関係性に着目し、各学会で研究発表するなど、脳神経領域での有用性を研究し続けています。

4．音楽療法・化粧療法

　脳を活性化するため、音楽療法も実施しています。思い出深い懐かしい曲をピアノやカラオケにあわせて歌い、音色にあわせて体を動かすことで心身をリラックスかつリフレッシュさせます。可能な限りご家族にも参加していただくことで、認知症になっても好きなことができたり、楽しむ気持ちを失わずに過ごせることを知っていただく機会にもしています。

　近年は前述した脳腸相関だけにとどまらず、皮膚のケアが脳の活性化に良い影響を与える「脳腸皮膚相関」という概念も着目されていることから化粧療法も取り入れています。精神的ストレスによって腹痛を引き起こしたり、急性蕁麻疹などを発症した経験をお持ちの方もいるのではないでしょうか。ストレスは、腹痛や片頭痛だけでなく、皮膚の不調にも影響があり得る

のです。

　加えて顔だけでなく、事前に姿勢バランスと自律神経バランスの検査も行うことで、全身のQOL向上を図っています。

　スキンケアやメイクなどの化粧行為によって、ときめく気持ちや前向きな気持ちを取り戻すお手伝いをしています。

５．認知行動療法

　臨床心理士による認知行動療法は、現実でコントロールできないことは受け入れ、コントロールできることに集中し、効果的な行動と考え方を実践できるようにする練習です。当院では、治療やセルフケアをすすめるうえで阻害要因となりそうな思考や行動の癖を持っていると判断した患者さんが適応となります。頭痛や認知症はもちろん、体調不良を訴える患者さんなど、全患者さんが対象になり得ます。

６．"脳"健康増進教室

　週に一度、午前中にリハビリ室で開催しています。ねらいは、その名のとおり脳の健康増進です。ウォーミングアップとしてラジオ体操からはじまり、テーマに沿った講義を行います。

　たとえばある日は、「健康寿命を延ばすシリーズ／血栓予防・生活習慣を見直そう」がテーマ。血液をサラサラにする習慣や食事、運動についてスタッフが解説します。その後、歌に合わせながらパートに分かれて手拍子し、チームの一体感を味わってもらいます。適度な緊張感は脳を活性化するとともに、役割り意識を持つことで集中力が養われ、達成感が得られます。頭と体を同時に動かす体操は、脳神経の活性化により認知症予防も期待できます。

さらに時間があれば、歌いながら手遊びも交えた脳トレも行います。ストレスの発散ほか、呼吸器や内臓が強化され、幸せホルモンが分泌されます。

7．不定愁訴外来

2024年11月から週に2回、機能性身体症候群を見据えた「不定愁訴外来」もはじめました。対象となるのは、片頭痛や疲労、自律神経の不調を抱える患者さんです。円皮鍼（パイオネックス）と温灸器を使用した自由診療のため、よりダイレクトな効果が期待できます。

8．コウノメソッド

河野和彦（医学博士、認知症専門医）医師によって2007年に提唱された、認知症治療の考え方です。その内容は、診断ありきで画一的な投薬を行うのではなく、患者さんの症状を考慮しながら投薬量や内容の細やかな調整を行い、漢方やサプリメントの併用によって症状を緩和するものです。また、病気になった患者さんの家族あるいは介護者の支援に力を入れ、共倒れにならないよう支援を行います。これは、家庭天秤法という介護者保護主義ともいわれます。

実践医は、全国で約130人、北海道内では私を含めまだ4人しかおらず、希少な技術となります。

第3章　診療理念は「人を治すのは人」

化粧療法に興味津々の患者さん

● 信号機のイメージで治療を選択

　これらの豊富な治療メニューをそろえ、患者さん一人ひとりにあわせた診療を選択するのですが、当院では信号機になぞらえた判断を行っています。

●赤色信号：病気の診断がついた場合
　事後対応として、病名を付けて保険診療に専念してもらいます。なおかつ2次予防として再発を防ぎ、3次予防として発症した病気の進行を食い止めるなど一般的治療となります。

●黄色信号：病気予備軍患者さんへの予防治療
　病気の危険因子が多いものの防ぐことができる状態を指し、発症を先送りできるギリギリの時期として重視しています。たとえば片頭痛を訴える閉経が近い患者さんがいたならば、ガイドラインに準じた標準治療に加え、採血検査で脂質異常が見つかった場合は脳血管障害のリスクも想定します。閉経もその一因になるため、保険診療の栄養指導も推奨します。さらに、片頭痛慢性化リスクの影響が指摘される睡眠障害や脳腸相関不良によるアレルギー疾患、貯蔵鉄不足、エネルギー産生低下なども潜在的な片頭痛増悪因子として指摘しています。

●青信号：より健康促進を図る
　オーソモレキュラー栄養療法外来や不定愁訴外来、鍼灸療法（円皮鍼と温灸器）、血流スコープで体調を調べ、水素吸入療法、高濃度ビタミンC点滴療法で慢性疲労や月経関連片頭痛、更年期症状の解消を図ります。

すべての治療は正しい病態診断から

● 脳に加えて全身をチェック

　心身の不調は突然やってくるものではありません。病気の早期発見ならびに適切なセルフケアを選択するためにも、検査は非常に大切です。患者さんにとっても、どこがどのように正常あるいは異常であるかを実感できるうえ、不要な追加検査や治療を防ぐことにもつながります。

　頭痛診療、認知症診療いずれにおいてもスクリーニング検査や神経学的診察、MRI検査、脳波、ABI血圧脈波検査が主です。再診では血液検査を行いますが、その際、通常の医療のような基準値との比較ではなく、検査数値から細胞内外の働きや補酵素の状態を分析するオーソモレキュラー栄養療法の概念である"至適基準"を導入。最良の健康状態を示す至適基準値「オプティマル・レンジ」から鑑みた栄養素を用い、病気の改善のみならず健康になるための情報をアドバイスします。

　MRIについては、脳以外にも頭部下肢動脈・頸椎から腰椎・肩関節などの整形領域・内臓脂肪などさまざまな撮影を行いあらゆる可能性を探ります。この際、患者さんの負担を軽減するためにも、十分な問診と診察を経て、検査は出来る限り短時間で行うようにしています。

　そして最も気を付けているのは、検査が病気をつくり出すものにならないようにするということ。時間をかけて脳ドック検査を行うと、極めて小さな病変が見つかってしまうこともあります。結局、数年経っても生命を脅かすような進行はみられず、

かえって治療によるストレスや経済的負担のほうが大きくなってしまったというのは、現代の過剰な医療の問題点だと感じています。

　検査自体も、あくまで患者さんの同意を得たうえで無理のない範囲でのMRI検査をおすすめすることが主体的医療でもあり、当院の信念です。

● 主な検査機器

　当院が導入している主な医療機器を使い方とともにご紹介します。なかには脳神経内科領域で用いる機器として意外に思われるものもあるかもしれません。

◎超音波エコー診断装置

　主に、心臓や頸動脈、腹部臓器、膀胱の残尿を測定しています。また筋肉の断面積を測定し、筋肉量や体組成の変化を評価することで筋肉のサルコペニアが生じていないか、フレイルが年のせいになっていないか確認しています。姿勢や握力など身体活動性を確認し、治療やリハビリの一手を考えます。

◎一般心電図・ホルター心電図

　RRインターバルを解析することで、交感神経や副交感神経の働きを評価しています。アルツハイマー型認知症治療薬の1つであるコリンエストラーゼ阻害薬は、意識消失を招くQT延長症候群を引き起こす恐れがあるため、安全を担保するために心電図を用いています。さらに、片頭痛は交換神経が優位になることで引き起こされ、副交感神経が優位になるとだるさや眠気を誘うことから、適切なバランスを保つためにも検査が必要

第3章　診療理念は「人を治すのは人」

となります。脳卒中専門医である私以外にも、他の病院の循環器内科医とも提携しており、所見があった際の万全の対策を講じています。

そして心房細動（AF）は、認知機能にも悪影響を及ぼすことがわかっており、頭痛・認知症診療に欠かせない検査です。

◎重心動揺計

メニエール症候群やパーキンソン病、慢性脳循環不全症などを調べます。単にめまい止めなどを服用するのではなく、結果をふまえたうえで原因に作用させる治療を行います。

Point

★ 多角的アプローチにより、症状の原因を見つけ、病気を抱えるその人自身を治す自己治癒力の向上を徹底する

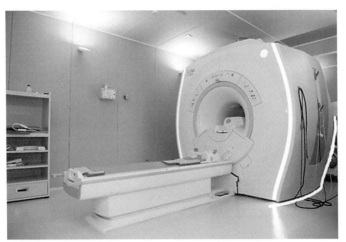

1.5T（テスラ）MRI（GEヘルスケア・ジャパン製）

第4章

診療はチームで取り組む

診療オペレーション

● エビデンスに基づく多職種協働

　ではここからは、私たちが実践している診療オペレーションおよびシステムについて具体的に解説します。

　モットーは、頭痛診療も認知症診療もチーム医療が大前提であるということ。患者さんとご家族に対し、複数人のキャストが担当するイメージです。いわばタスクシェアを取り入れており、医師は医師でなければできない診療に集中するため、医師以外にも可能な診療については看護師や臨床検査技師、診療放射線技師が役割を担います。そのほか生活習慣のアドバイスにおいては、主に管理栄養士や臨床心理士が中心となって取り組んでいます。これについては、頭痛の診療ガイドラインのなかで、「難治性頭痛患者には、頭痛専門医を中心とした、臨床心理士、理学療法士、作業療法士、看護師、薬剤師、鍼灸師など多職種のコメディカルを含めた集学的治療プログラム（MTP）を行うチーム医療が有用であり、行うことが推奨される」との記載があるように、医学的エビデンスの観点からも推奨されています。

　当院に在籍するのは、医師をはじめ看護師、診療放射線技師、管理栄養士、臨床心理士、医療事務となり、各職種が力を合わせて診療にあたっています。

　では次に、そんな当院のスタッフの効果的なフォーメーションが象徴的な頭痛外来の大まかな流れと内容を紹介します。

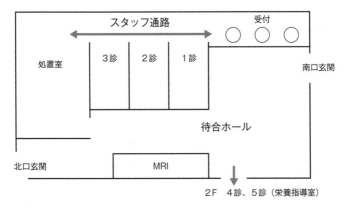

当院の間取り図

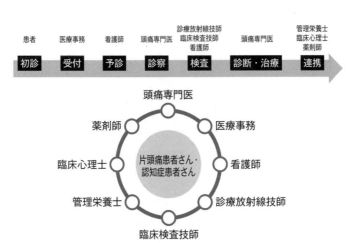

頭痛患者さんへの多職種によるアプローチ

第**4**章　診療はチームで取り組む

● 頭痛外来（保険診療）初診患者の主な流れ

Step 1．受付

　医療事務が患者さんに問診票をお渡しし、主訴を確認します。ここで重要になるのが、救急や重篤な後遺症を起こしうる疾患で入院治療が必要となる2次性頭痛の可能性があるかどうかの確認です。危険な頭痛を診断する手がかりとなるSNNOOP10リスト（スヌープ・テン・リスト）を用いた問診を行い、2次性頭痛の疑いがあればすぐに医師の診療に案内します。危険性がなければ、看護師の予診へとすすみます（医師の体制が手厚いときは、看護師の予診をスキップして医師につなぐこともあります）。

Point　医療事務の視点

> 　医療事務は、患者さんに安心して受診していただくための、いわばコーディネーター役となる職種。笑顔や明るい声かけはもちろん今日の診察内容やその目的、所要時間などの明確な説明を徹底したうえで、診療を看護師にバトンタッチします。
>
> 　会計時においては、次回の予約確認をはじめ、当院のYouTubeチャンネルの案内、自由診療適応の患者さんにはサプリメントの案内も忘れずに行います。また、はじめて算定する診療報酬があった場合、算定の根拠や病名を調べ、他スタッフに共有することで医療事務部門としての知識向上も図るようにしています。

Point　予約システムの導入と診療パターン

　当院は原則、検査予約制にしており、予約はインターネットもしくは電話で受け付けています。インターネット予約においてはクラウド型問診システム「Symview（シムビュー）」（株式会社レイヤード製）を導入し、画面の案内に沿って入力してもらうことで問診の効率化と詳細な情報収集をしています。

　これにともない、患者ニーズにあわせた以下の5つの診療パターンを用意。スタッフはパターンに合わせた準備を整え、診療にのぞんでいます。

パターン1：初診
パターン2：再診予約（前回の診療から半年以上経過した患者さん）
パターン3：検査予約（症状は改善されたが、より健康になりたい方を対象に血液検査や脳波検査等を行う）
パターン4：簡易予約（治療内容の見直しを相談したい患者さん向け）
パターン5：処方のみ（現在の治療内容に満足している患者さん向け）

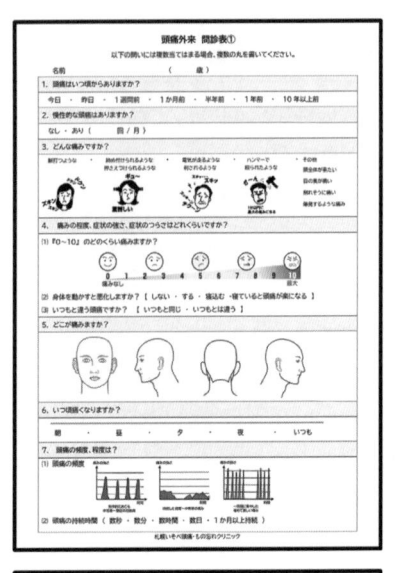

頭痛外来で使用している問診票

Step 2. 看護師による予診

患者さんが診察室に入ったら、主に看護師が問診票をもとに予診を行い、治療内容の優先順位をつけます。当院の看護師は、電子カルテの入力代行をはじめとする医療クラークはもちろん、高度なアセスメント能力と判断力によりまさに"トリアージ"の役割も果たすのが特徴です。加えて頭痛診療のみ、看護師以外にも診療放射線技師による体制も整えています。

片頭痛症状が認められれば、日本頭痛学会による「片頭痛スクリーナー」なども用い、痛みの原因を探ります。

Step 3. 医師による診療

予診の結果をふまえたうえで、あらためて医師が診察し、保険診療における神経学的検査を行います。治療方針を説明し、合意のもとでMRI検査にすすみます。

Step 4. 診療放射線技師によるMRI検査

MRIは非侵襲的に血管像を撮像することができ、動脈瘤や動脈解離、可逆性脳血管攣縮症候群（RCVS）、モヤモヤ病などの脳血管障害の検出が可能です。

頭痛外来では「頭痛セット」のシーケンスセットで、頭部MRIに加えFLAIR（Fluid Attenuated Inversion Recovery）という撮像方法で画像を撮っています。これにより、脳血管障害や脳腫瘍などの除外、虚血性病変有無が確認できます。

また、頭皮のピリピリ感や後頭部痛の訴えがある場合は、大後頭神経三叉神経症候群（GOTS）を鑑別するため、頸椎を含めたシーケンスセットを使用します。国際頭痛診断基準では頸原性頭痛に該当しているのですが、当院では患者さんが関連痛

63

第4章　診療はチームで取り組む

を意識し、症状を認識するためにGOTSという言葉を使用しています。

　このように撮像は仕組み化されていますが、撮像中に診療放射線技師が所見を発見することがあります。椎骨動脈解離を発見したときは、椎骨動脈から脳底動脈の血管構造を画像化する「BPAS」(Basi-Parallel Anatomical Scanning) MRIを、頭蓋骨の中心にある窪みに収まっているトルコ鞍部に良性のラトケ囊胞といった疑わしい所見があった場合は、局所撮像を追加撮像することもあります。

Point　診療放射線技師の視点

> 　片頭痛症状のある患者さんは、光や狭い空間が苦手な方が多いため、検査室を暗くしたり、不安を取り除くような声かけが欠かせません。患者さんが安心して治療に臨める環境づくりも大切な役割です。

Step5. 医師による診断

　検査結果が出た後、医師による平衡機能検査や眼球運動検査、眼底検査など神経学的な診察を行います。東洋医学的な脈診や舌診も含め、現われている症状のうち脳が由来している確率がどの程度なのかを診断します。さらに頭痛がなぜ起こるのか、そのメカニズムや治療内容、セルフケアの方法等についてパワーポイントの資料を見せながらわかりやすく説明します。

　このとき、常にドクタークラーク役を担うスタッフがかたわらにいて電子カルテに診療内容を記録するだけでなく、患者さんに医師の話をわかりやすくかみ砕いた説明や補足をします。

Step6．検査結果のリマインドと次回の予約

　看護師が今回の診療のまとめを行います。「今回の受診の目的は以上の診察で達成されましたか？　不明な点はございませんか？」の問いを投げかけ、診療中にわからなかった事項や不安・不満の解消に努めます。そのうえで検査結果をふまえたこれからの治療方針をあらためて伝え、次回の予約や処方薬調整をします。

　以上のようにほぼパターン化した診療内容と多職種によるタスクシェアで無駄を省きながらも、患者満足度は下げないよう意識をしています。

　8時30分から診療をはじめ、60～100人の患者さんを診療しており、そのうち新患は6～20人。ほとんど残業することもなく、17時30分には診療を終える毎日です。

> **column　オールラウンダーで動ける強み**
>
> 医師事務作業補助者・頭痛看護師　小松こずえ
>
> 　診療中に医師から説明する話は、患者さんにとってははじめて聞くことばかりですし、情報量も多いため、すべてを一度に理解できることはないと考えています。そのため、一つひとつかみ砕いて整理してお伝えするのはもちろん、医師が提案したことを患者さんの生活に組み込み、実践していけるような意欲を引き出す関わり方も意識しています。ただ「これを食べましょう」「生活を改善しましょう」と伝えて行動変容につながるほど人の気持ちは簡単ではありません。辛さを十分理解したうえで理想に近づくための改善策や健全な妥協を丁寧に説明し、適切なセルフケアに導

第4章　診療はチームで取り組む

いていくよう心がけています。

　当院のスタッフは、独占資格の業務以外は自身の担当範囲に縛られることなくオールラウンダーで動けることが強み。私を含め、自分の担当領域だけでなく、できる範囲のことは全員一丸となって取り組んでいます。

　藁にもすがる思いで来院してきた患者さんが、診療を通じて元気になっていく姿を見ることができるのは大きなやりがいです。

● 栄養指導のポイント

　栄養指導は、2階の第5診で行っています。ここで管理栄養士は患者さんに対し、病気にならない体をつくるためには適切な栄養素の摂取が重要であるという理解を図ることが使命です。栄養指導を受けて「食事を変えてみよう」「サプリメントを飲んでみよう」と、考え方や行動を変えるきっかけづくりになることをめざしています。

　課題のある数値の改善を目的とし、食事だけでなく生活習慣からの聞き取りも踏まえながら病状に合わせた指導を継続します。患者さん一人ひとりの指導方針については、対応するスタッフによってぶれが生じないよう、逐一共有します。

　とはいえ、長年の食事習慣や生活習慣を変えるのはそうそう容易いものではありません。伝えるうえで説得力を持たせるため、まずは自分自身が健康管理を徹底することはもちろん、サプリメントを摂取して効果を確かめるといった実体験をともなった説明を心がけています。

自分自身の体験も交えながら栄養指導を行うスタッフ

第4章　診療はチームで取り組む

逆境エピソード 混乱を極めた開業時

　開院当初は、医師1人で問診から診察やカルテ入力、次回予約まで行っていました。8時15分から診療を開始し、患者さんの数は30〜40名、そのうち新患は5名ほど、MRI検査6〜10件程度。診療を終えるのは、18時30分過ぎまでかかることが常でした。待ち時間も多くなる分、患者さんからのクレームも多く、スタッフはその対応と毎日の残業に疲弊し、退職も相次ぐ日々。

　でもこうしたシステムの整備によって、解消を図ることができました。

Point

★　1人で成し遂げられないことを実現するため組織を作る

★　他者の能力を活用する

第 5 章

人を健康にする
プロを育てる

人が育つ文化を醸成する

● 言語化・共感化・仕組み化

 「人を治すのは薬ではなく、人である」との診療理念を掲げているように、当院のスタッフは一般的な医療の提供にとどまらず、人を健康にするという大きな使命を担っています。ただし、他者が人をコントロールすることは不可能であるため、本人が自ら健康になることを望み、行動にうつす後押しをするという意味です。そのため、おのずと卓越した知識と技術、人間力が必要となります。

 組織のなかで人は何によって成長するかというと、9割が実際の仕事を通じた経験によるもの、つまりOJT（On the Job Training）であるといわれています。残る1割が、それと対をなすOFF–JT（Off the Job Training）であり、研修など職場を離れた学びです。このことからも、研修やトレーニング以上に人が育つ土壌のある組織文化や風土の醸成を重視しています。

 組織の文化や風土とは、経営者のパーソナリティから育まれるものですが、私が理想とする組織文化のキーワードは「情熱と共創」です。情熱を持って仕事に取り組み、互いの成功を自分の成功のように思い、協力し合える関係性を意味します。経営者が理想に掲げる文化が、すなわち組織の土台となります。

 こうした文化を組織に根付かせるために必要となるのは「言語化」であり、これがうまくいくと共通言語が生まれます。次は「仕組み化」ですが、これは組織内で誰もが再現でき、成果を生むには不可欠となります。当然ながら仕組み化だけでは不

十分であり、個人が納得し、効果を実感するために必要なのは「共感」を得ること。それは、患者さんが薬を手放し、適切な栄養摂取で腸の働きを改善し、健康になって感謝されるという当院の存在意義を発揮できたときに醸成されるものです。

このため職種ごとに、第2章でも触れた「7つのフィロソフィー」に基づく望ましい行動基準を示すとともに、遂行すべき職業技術を示した「仕事の4つの核」を設定しています。

● 各部署で掲げる行動基準

行動基準を遂行するためには、業務の優先順位をつけることが大切です。ひたすらミッションばかりを羅列してしまうと、スタッフによってはキャパシティオーバーとなってしまう恐れがあります。そこでスティーブン・R・コヴィー博士が提唱する「ビッグロック理論」にヒントを得て、次頁の表のように最優先の業務を"大石"、優先度が低い業務を"小石"と分けてスタッフに整理をうながしています。瓶のなかに先に小さな石や砂を入れてしまうと大きな石を入れるスペースはなくなってしまいますが、反対に先に大きな石を入れてから小石や砂を入れていけば、隙間をうまく活用しながら瓶を石でいっぱいにすることができるという理論そのままの考え方です。

第5章　人を健康にするプロを育てる

■仕事の行動規範・看護部バージョン　※一部割愛

	診療	組織
1．達成	看護師は1日3回待合の状況や診療の効果的な行動を考え、患者満足度向上をチームで達成し、成果の8割を生み出す2割の優先事項のための行動をした。 行動）小石：待合の状況や電子カルテの予約時刻から、処置室の受付終了ファイルの状況を確認し、診察、検査、処置のご案内のアナウンスをした。	理念である経営の目的は自分と縁ある人を幸せにするため、1日1回10時半からの10分間、多職種メンバーが効果的に診療を行えるための事前対応をした。 行動）大石：1週間に2回、朝ミーティングの決定事項とタスクの進捗状況を確認した。
2．責任	看護師業務で発生したミスは、自己の責任と考え、仲間とともに仕事をやりきることができた。 行動）小石：受付に行った際に電話応対や来院者の受付対応をした。	理念である経営の目的は、自分と縁ある人を幸せにするため、1日1回10時半からの10分間、多職種メンバーが効果的に行えるための事前対応をした。 行動）大石：クラーク業務の指導、検査方法を指導した。
3．情熱	看護師は、「頭痛持ちだからってあきらめない、認知症も怖くない」という信念を伝える行動を1日3名の患者さんに行った。 行動）大石：患者さんの普段のセルフケアを聞く→承認する→現状を聞く→より健康増進につながるアドバイスをする。	受診された患者様（ファン）のアフターフォローができる行動をした。 行動）大石：主体的医療の観点から栄養指導をお勧めし、ご案内をした。
4．協力	看護師は1日3回待合の状況や診療の効果的な行動を考え、患者満足度向上をチームで達成し、成果の8割を生み出す2割の優先事項のため以下の行動をした。 行動）小石：待合の状況、電子カルテで予約時刻から処置室の受付終了ファイルの状況を確認し、診察・検査・処置のご案内のアナウンスをした。	理念である経営の目的は、自分と縁ある人を幸せにするため、1日1回10時半からの10分間、多職種メンバーが効果的に行えるための事前対応をした。 行動）大石：検査の仕方を指導した。
5．スペシャリティ	看護師は1日3回、【頭痛外来】【もの忘れ外来】【医療事務】の専門的知識をベースに、当院理念に基づいた行動を行った。 行動）大石：受付後、電子カルテの内容の把握や患者の状態の聞き取りを行った。	【頭痛外来】【もの忘れ外来】【医療事務】の専門知識を活かし、1日1回10時半からの10分間、発信に必要な資料作成をした。または、クリニックメンバーや患者に発信した。 行動）小石：季節にあわせての情報発信を診療後のアフターフォローで行った。
6．挑戦	看護師は1日3回ご来院者満足度の向上、健康人生の実現をするために、職種の枠にとおわれず、以下の行動をした。 行動）大石：未経験の業務にも実現思考でとらえ行動した。	あらゆる困難を乗り越えるリソースを駆使し、毎朝1回8時15分からの15分間、行動をした。 行動）大石：クリニックメンバーが今日1日を安心して働くことができる良好な人間関係を構築するために、朝礼の歯科医進行を行った。
7．規律	看護師は1日3回、組織の一員として守らなければいけない決まりや行動を理解でき、理念に判断基準をおいた発言や以下の行動をした。 行動）大石：社会人としての自覚を持ち、ビジネスマナーを心がけた挨拶、表情、対応を行った。	院内の清潔を保つため、1日3回毎朝または担当日に15分間掃除を行い、上質を追求した行動ができた。 行動）小石：椅子の整理整頓を行った。

● 必須のスキル「仕事の４つの核」

次に、各部署において不可欠な職業能力を設定した「仕事の４つの核」を説明します。たとえば検査部の仕事の４つの核は以下となります。

1. 検査を効果的に行い、検査の所見や重要な陰性・陽性所見を指摘できる
2. 対人コミュニケーション力
3. マネジメント力
4. インパクトプレゼンテーション

１以外は全部署同様の内容です。インパクトプレゼンテーションというのは文字通りプレゼン力を指し、患者さんへの提案をはじめ、より良いチーム医療や研修を行ううえでいかに積極的に関与し、能力を発揮できるかという部分になります。

そしてこれらを実践するため、Mind（観点）、Knowledge（知識）、Skill（技術）の３つの側面から、部署としてあるいは当該職種として果たす役割を考えるよう働きかけています。

第5章　人を健康にするプロを育てる

■検査部の仕事の4つの核　※一部割愛

	1.　検査を効果的に行い、検査の所見や重要な陰性・陽性所見を指摘できる	
Mind （観点）	・逆算思考・予算へのこだわり・目的志向・判断能力・戦略思考・誠実さ・客観視点 ・職業/商品/会社/自分への自信・部下の育成に対するコミットメント	
	・重要なMindは、頭痛・もの忘れ専門検査技師として、患者に（検査で得られる利益と避けられる損失）/ニーズをヒアリングし目的達成のアシストを行う。 ・電カルの患者の主訴・神経症状から想定される好発部位所見を逆算し、必要な撮影シーケンス・追加検査を提案した。 　①後頚部痛の場合はVA 　②雷鳴頭痛の場合はRCVS 　③低用量ピル＋臥位で増悪する頭痛＝MRV ・ANなど重要な所見は看護師を介して脳卒中専門医へ部位、大きさ、形のコメントを行った。	
Knowledge （知識）	・成果の方程式・内発的動機付け（心理学の知識） ・良い人材の条件・良いマネージャーの条件・イレギュラーの対応・クレーム処理	
	・2年以上の経験者は、イレギュラーの対応に備え、事前にMRI/エコー/情報係のマニュアルを作成：自分の代行を育成した。 ・2年以上の経験者は、逆算思考で指導の計画をたて、MRI/心エコー/頸動脈の練習を週2回行い経験を積んだ。 　①脳ドックガイドライン 　②MRA：解剖 　③イヤーノートの解剖 ・常に向上心を持ち新しい分野に挑戦する者も、未知の分野・肺・腸・筋肉など前向きに取り組む姿勢で検査を実施した。 ・新人メンバーの5つの基本的欲求バランスを満たす。【力の欲求・楽しみの欲求】	
Skill （技術）	・早期育成の秘訣・トレーニングスキル・リクルーティングスキル・マネージ＆モチベートスキル ・マーケティングスキル・フィールドトレーニングスキル・タイムマネジメントスキル	
	・最重要は人が育つ文化であり自分たちが今まで培ってきた技術を新たなメンバーに指導するために、メンバー個人の成長に伴ったロードマップを計画し技術の移行を行う。 ・毎朝、前日の症例を共有し、検査メンバーの読影・所見のスキル向上を行った。 ・週2回・MRI・エコー1件ずつを目標に検査を実施し、疑問点や改善点をその場で話し合い個人の自己成長に取り組んだ。 ・ロールプレイで患者役・技師役として、実際に患者が求めているものを想定してフィールドトレーニングスキルを実践した。	

	2．対人コミュニケーション力
	・逆算思考・予算へのこだわり・目的志向・判断能力・戦略思考・誠実さ・客観視点 ・職業/商品/会社/自分への自信・部下の育成に対するコミットメント
Mind （観点）	検査を行う上で重要なMindは患者様の理想とするイメージ（願望）を叶えるために、「かかりつけ放射線技師」として、以下の行動を行った。 ①MRI検査 閉所恐怖症の患者に対し、『まず1種類の画像を1分くらい挑戦してみて、できそうであれば続けてみましょう』などと不安を取り除けるような声掛けを行った。 ②脳波 眩しいのは苦手であるとか、電極装着時に自然と目を閉じているなど、光過敏の患者だと技師がすばやく判断し、検査室を暗くしてから準備をすすめた。
	・成果の方程式・内発的動機付け（心理学の知識）・早期育成の秘訣 ・良い人材の条件・良いマネージャーの条件・イレギュラーの対応・クレーム処理
Knowledge （知識）	・新人メンバーに頭痛外来では【片頭痛の誘発因子・増悪因子にはどのようなものがあるか】を伝え、実際に頭痛患者とコミュニケーションを図り、安心を与え検査が実施できるよう育成した。 ・実際の受付からのカルテの流れや検査準備～MRI撮影・検査後のカルテの流れを新人メンバーと一緒に同行し、優先順位をつけて検査が行えるように育成した。
	・トレーニングスキル・リクルーティングスキル・マネージ＆モチベートスキル ・マーケティングスキル・フィールドトレーニングスキル・タイムマネジメントスキル
Skill （技術）	信頼関係を構築する力 ①聴く力を身につける　検査への不安はどこにあるのか、患者から傾聴し、以下の行動を行った。 ・光が苦手な患者➡ボア内の電気を消灯した ・不安感が強い患者➡飴を事前にお渡しした ・閉所恐怖症の患者➡アイマスクなど患者に合わせた提案を行った ②伝える力を身につける 患者のレベルに検査説明を落とし込み、患者自身も治療を始める前に検査で二次性頭痛・もの忘れの原因を検索するためにMRI検査が必要であることを理解できる説明を行う。そのうえで、技師は患者が安心して治療に臨める声掛けを行った。

第5章　人を健康にするプロを育てる

	3. マネジメント力
Mind (観点)	・逆算思考・予算へのこだわり・目的志向・判断能力・戦略思考・誠実さ・客観視点 ・職業/商品/会社/自分への自信・部下の育成に対するコミットメント ・「人を介して仕事をする技術」であり、情報係の仕事をメンバーへ移譲し人を通じて仕事を成し遂げた ・自分にない能力をメンバーの力を借りて業務の目的を達成
Knowledge (知識)	・成果の方程式・内発的動機付け(心理学の知識)・早期育成の秘訣 ・良い人材の条件・良いマネージャーの条件・イレギュラーの対応・クレーム処理 ①朝ミーテイングの決定事項、タスクの進捗状況を確認し、未達事項に関しては再度、声がけをしたり、他の人に依頼しやり遂げた。 ②受診された患者様（ファン）のアフターフォローができるYouTubeでの活動を実施するために、原稿作成やYouTube編集の共育を行った。
Skill (技術)	・トレーニングスキル・リクルーティングスキル・マネージ＆モチベートスキル ・マーケティングスキル・フィールドトレーニングスキル・タイムマネジメントスキル ・部下の願望実現の舞台がこのクリニックである 【セルフカウンセリング】 私は何をもとめているのか？私にとって一番大切なものは何か？私が本当に求めているものは？ そのため「今」何をしているのか？その行動は私の求めているものを手に入れるのに効果的か？ もっと良い方法を考え出し、実行してみよう

4. インパクトプレゼンテーション	
Mind (観点)	・逆算思考・予算へのこだわり・目的志向・判断能力・戦略思考・誠実さ・客観視点 ・職業/商品/会社/自分への自信・部下の育成に対するコミットメント
	「安心」「安全」に検査を実施するために、以下の行動を行った。 ①接遇を始める前に患者（患者家族）に笑顔を見せることで、検査の問診前に安心感を与えた ②検査の前に「今日は○○の検査で、○○を調べます」など、検査の目的を案内した ③検査前、電子カルテの内容の把握や患者の状態の聞き取りを行い、専門知識をもとに患者の状況・状態に合わせた必要な検査を提案した。
Knowledge (知識)	・成果の方程式・内発的動機付け(心理学の知識)・早期育成の秘訣 ・良い人材の条件・良いマネージャーの条件・イレギュラーの対応・クレーム処理
	①安心感を与えるトークを具体的に考え、部署内で共有することができた。 ②もの忘れ外来では、3か月毎に検査を実施するため、本日の検査の目的をご案内した ③患者に合わせた検査の提案をした 例）・更年期、閉経➡頸動脈エコー 　　・フレイルやサルコペニア➡筋エコー
Skill (技術)	・トレーニングスキル・リクルーティングスキル・マネージ＆モチベートスキル ・マーケティングスキル・フィールドトレーニングスキル・タイムマネジメントスキル
	・最重要は人が育つ文化であり自分たちが今まで培ってきた技術を新たなメンバーに指導するために、メンバー個人の成長に伴ったロードマップを計画し技術の移行を行う。 ・クリニック共通の価値トークを使用し、ロールプレイで患者役・技師役として、実際に患者が求めているものを想定してフィールドトレーニングスキルを実践した。 ・マニュアル通りに教える作業型の育成ではなく、チームで検査や情報係の業務に対し、意義付けと重き付け【成果の8割を生み出す2割の優先事項（大きな石）】を行った。

知識とスキルを養う育成メニュー

● **多彩な人材育成プログラム**

　もちろん目標を掲げただけで人は育つわけではありません。やはり、個々人の人生の目的を叶えるための目標を定め、期限を設けたうえで、日々の実践に落とし込む努力は欠かせないことから、OJTならびにOFF-JTの両面において人材育成につながるプログラムを整備しています。

1．フィールドトレーニング

　オープン前の朝、申し送りのほかに事務長やリーダー候補、診療ナース、診療放射線技師が一堂に会し「フィールドトレーニング」と呼ぶ打ち合わせを行っています。今日の業務で理念を体現するにはどの業務を優先し、具体的な行動をするかを決定しています。結果の8割は全体の2割によって生み出されるという「パレートの法則」に則って優先事項を決め、各部署のスタッフに対し、1日の仕事の目的やめざす成果を共有します。

　勤務終了後は、本日の達成と課題について共有し、課題が挙がれば解決に向けた意見を交わします。課題は問題として捉えるのではなく、工夫して改善を図る文化を大切にしています。重要なことは口頭だけでマネジメントしようとせず、ときには診察室でスタッフの1人が患者さん役を務め、人間関係をどう構築するか、声のトーンやクロージングの仕方など、サービスを提供する職業人として練習を重ね、改善を図っています。

２．インパクトプレゼンテーション

　患者さんの対応を行う多職種が、自らのプロフィールや経歴、実績をしっかり開示し"私"という人間を理解してもらったうえで、納得してサービスを受けてもらうためのプレゼンテーションを「インパクトプレゼンテーション」と呼んでいます。これは全スタッフ必須の技術として位置付けています。

　また、人事考課を行う際の評価基準の１つでもあり、スタッフが経営層に自分自身の業績をアピールする場でも問われる、いわば「人に伝える」技術となります。人事考課については、後の節で説明します。

３．他医療機関との共同研修

　他のクリニックを見学したり、共同の研修会を通じて、新たな気付きやスキルの獲得などを図ることもあります。

　日本頭痛学会が認定する地域頭痛教育センターは、さまざまな症例を積み重ね、臨床研究や教育活動にも力を入れる機関のため、積極的に研修会を開催しています。ここで精度の高い診断技術や診療を学ぶことができるのは、スタッフにとって良い刺激になっています。同時に、当院も認定教育施設であるため、漢方やオーソモレキュラー栄養療法、心理療法といった異なるアプローチにおいて得られる知見を提供しています。

　このほか、診療科の異なるクリニックとの交流機会も積極的に設けています。診療面だけではなく、人材教育やホスピタリティなどクリニック運営に関わるさまざまな学びを得る機会を大切にしています。

第5章　人を健康にするプロを育てる

4．外部研修での講師業

　医療の専門職として、私自身さまざまなセミナーや研修会などで講師を依頼されるのですが、当院では私でなくても可能なものについてはスタッフにも積極的に講師を務めてもらっています。人は自己研鑽と他者への貢献という2つのベクトルによる成長があってこそ、真の成長につながるとの考えからはじめました。

　人材教育コンサルティング会社のアチーブメント株式会社では、知る―わかる―行う―できる―分かち合うといった「5段階の能力開発」を提唱しています。最後の分かち合うステージまで上りつめることにより、他者に価値を提供することの喜びや責任感を覚え、自己鍛錬が当たり前になるといわれており、私もこの考えに大いに感化されました。

　ちなみに、講師を務めたスタッフには報酬として44,000円のインセンティブを付与しています。スキルアップはもちろん、ちょっとしたお小遣いにもなるため、スタッフには人気を呼んでいます。

　アウトプットの場としては、社会貢献活動の一環として取り組んでいる中学校健診に看護師もサポート役として参加してもらっています。子どもたちが自分自身や家族の健康を考えたり、将来の仕事を考える機会の創出をお手伝いしています。

5．i-Standard研修

　こちらは、アチーブメント株式会社が提唱する理念浸透研修であり、組織の発展と自己実現の両立を目的とし、定期的に実施しています。最近掲げた目標は、海外に社員研修に行くこと。そのために何をすべきか議論を交わしています。

他院との共同研修

i-Standard研修は担当スタッフが主導して行う

部門スタッフとしての役割

● 5つの部門を構成

　スキルアップが第一目的ではありませんが、結果的にスタッフ自身のスキルや視野を広げる絶好の機会となっているのが、職域を超えた部門スタッフとしての仕事です。スタッフ一人ひとりの適性にあわせて以下5つの部門に配属しています。

　いずれの部門も、①部門長や院長に週1回達成率を報告し、実行責任を持つ、②1日1回、院長に達成のプロセスを報告・連絡・相談し、改善計画を決定・実施・報告する、③部門長はメンバーとPDCAを作成し、達成まで導くプロセスを報告する——を義務付けています。そのほか部門の特性に応じた下記の役割を設定しています。

1．総務企画部門
　□ 部門長がメンバーをアシストする
　□ こんなものがあったら喜ばれるコト・モノを創る

2．人事部門
　□ この組織の職業人としてあるべき価値観や7つのフィロソフィーを明文化し、人間関係を良好にするため、選択的理論を用いる
　□ 朝会の司会

3．診療営業部門

- □ 診療ナース・ドクタークラーク・MRI・脳波・そのほかの検査、栄養指導は頭痛・もの忘れの複数名に指導・リハビリおよび健康増進教室を開催する
- □ 決められた日時に、診療営業部門と管理部門でレベルアップのための学習発表を行う

4．診療管理部門

- □ 基本業務は医療事務業務・レセプト業務・ドクタークラーク
- □ 決められた日時に、診療営業部門と管理部門でレベルアップのための学習発表を行う

5．SNS・デジタル部門

- □ 院内SNS、院内掲示物、サイネージ、装飾・配置の最適化
- □ HPの管理、YouTubeの制作、診療ツール・iPad・PPTの作成、他部署のサポートを成し遂げる

評価システムの整備

● 3方向から評価を行う

　めざす姿を明確にすることにより、理念に共感したスタッフの人生幸福度を上げるとともに、スタッフが同じベクトルで働くとができるよう、独自の人事考課システムとして適切に評価する仕組みを構築しています。評価をするのは、賞与支給時期となる夏と冬の年に2回です。

　ここでは3つの視点から評価をしています。1つは「理念クレドテスト」です。上司や診療、職業について、組織の一員として知っておくべき10の質問を設定しています。

　例えば、「院長の医学博士論文は」「あなたの職業はこのクリニックでどのような価値を生んでいるか」「なぜ、当クリニックは頭痛・もの忘れクリニックとしたのか」といった質問があります。スタッフには、組織に所属する者として、正しい知識を持ち、自信を持って患者さんと接してほしいと思っています。

　2つめは、スタッフの理念浸透度を図るため、アチーブメント株式会社の「理念浸透サーベイ」で客観的な評価を行っています。同社が考える理念浸透は、「企業の理念を、企業を構成する社員一人ひとりが行動によって具現化している状態」であり、「経営理念の実現」と「社員の自己実現」が結びついている状態でもあると提唱しています。

　3つめは、前述した私と事務長に対するインパクトプレゼンテーションの実施です。今年度、自分自身がどのように経営に貢献してきたかを説明し、今後の抱負を発表してもらいます。

最後に自己評価を行ったうえで、私と事務長が上記３つの視点から賞与や昇格を含めた評価を行っています。

クレドテストの一例

問／診療に対する自信　治療メニュー

Philosophy：あなたの悩みを受け止め、応え、そして（　　）！　当院は「（　　）・様子をみましょう（受動的医療）」から「セルフケアする・自己治癒力（　　　　医療）」を診療で大切にしています。

問／上司・診療に対する自信

院長の専門医は（　　）（　　）（　　）。院長の指導医は（　　）（　　）（　　）。

このクリニックの学会認定は、（　　）（　　）。

札幌市認定は（　　）

厚労省認定は、（　　）

問／会社と職業に対する自信

日本神経学会が、重視する脳神経内科の主要５大疾患は、

【　　】【　　】【　　】【　　】【　　】である

問／ペルソナ研修

脳神経外科で、脳MRIを撮って異常ないため緊張型頭痛だと診断された。繰り返す頭痛と体調不良を訴えています。

①医療事務の方はどうしますか？

②看護師・検査技師の方はどうしますか？

③栄養士・臨床心理士の方はどうしますか？

入口戦略としての全員採用

● 短所も補えあえるチームづくり

　ここまで人材育成と人事考課について説明してきましたが、やはりすべてがシナリオ通りに上手くいくわけではありません。スタッフを育てるのは時間もコストも労力もかかりますし、せっかく育てたのに家庭の事情で退職を余儀なくされるといったこともしばしば……。人材育成についてはまだまだ模索段階にあり、道半ばといった状況です。

　そこで育成と同じくらい大切にしているのが、採用時の取り組みです。当院で採用基準にしているのは、そもそも医療職としての素養を持っていること、そして何より理念への共感です。これがなければ互いにミスマッチが生じます。

　そうした不幸を生まないために取り組んでいるのが、1日間〜1週間のインターンシップです。実際の業務内容や職場の雰囲気や人間関係などを体験し、自身に適した職場環境であるかを判断いただいています。働いた分は、時給もお支払いします。採用側としても業務態度や能力、スタッフとの相性を確認することができ、互いに対等な関係で納得できる雇用契約を結びたいと考えています。

　並行し、社員一人ひとりが採用活動に参加する「全員採用」の心構えで、新人を歓迎する雰囲気を醸成し、応募者の心理的安全性の確保に努めています。

　採用は、互いの良いところだけ見ていれば良い恋愛とは違い、不十分さも認め合い、高め合う必要がある結婚と同じようなも

の。そんなチームを築いていくのが理想です。

● 経営者としての心構え

医療機関も人なりで、個人の集合体です。そのため私たち経営者は、スタッフ一人ひとりの可能性を引き出す指導者でなければならないということを肝に銘じています。老子の格言に「魚を与えれば1日食べられるが魚の釣り方を教えれば一生食べられる」との言葉があります。当組織が目指すのも「魚の釣り方がわかる」人材の育成です。

可能性を引き出すためには、スタッフ一人ひとりが持っている願望を理解することも大切です。職場は個人の願望が実現できる舞台にもなり得るのです。当院では、ほかにもランチミーティングによる気軽な情報交換や1 on 1面談、スタッフ同士で感謝を伝え合うサンクスカードの交換などを通じ、相手の心を開き、願望をひも解くきっかけづくりも重視しています。

逆境エピソード 公私ともにボロボロな時代

開業当初は、「患者さんをこのクリニックで良くしたい！」というあり余るエネルギーと情熱を持って昼夜を問わず突っ走っていた私は、スタッフに対しても同様の熱量を求めてしまっていました。当然、スタッフとは軋轢が生まれ、2年間で17人が退職。そのうちの1人は労基署問題にまで及び、裁判もしました。当然のように妻である事務長とも公私ともにぶつかることが増え、子どもとの関係も上手くいかない……。当時の私は心身ともにボロ雑巾のようでした。

そんなときでも失敗を成功に至る経験と解釈し、学ぶこ

87

第5章　人を健康にするプロを育てる

とをあきらめませんでした。コミュニケーションについて学び、人材マネジメントの研修に参加することにより少しずつ組織のあり方、人との関わり方や育成について理解を深めていったように思います。

Point

★ 人材教育は自院だけでなく多様な組織との連携が効果的
★ 経営者は一人前の社会人を育成する指導者であり教育者でもある

第 **6** 章

集患よりも
Business to Fan！

既存患者さんを大事にする

● 不特定多数に向けた広告をやめる

　当院では集患らしい集患はほとんどしていません。なぜだと思いますか。それは既存患者さんのフォローアップのほうが、大切であるからです。理由は、満足した患者さんは一生の協力者になり得ると考えているためです。

　この考えに行き着くまでは、深い考えもなしに広告による集患を行っていました。地下鉄駅すぐの立地に位置することもあり、開院当初は広告代理店から営業されるまま地下鉄コンコースに看板を出したほか、車内放送を流したり、電柱等にも出稿しました。これで年間約120万円以上かかりました。さらに道路広告も出して約70万円を投入。たとえは悪いですが、広告とはまるで麻薬のようなもので、一度打つとまた打ちたくなるようなものかもしれません……。

　しかしその効果は散々なもので、車内放送を聞いて来院した人は数名、受診患者さんのアンケート結果からも広告を見て来院した患者さんはごくわずかでした。現在は、目印や道順になる電柱広告のみを残し、あとは全て撤廃しました。

　安くはない勉強料を払ったことで、顔の見えない誰かにやみくもに広告を打つよりも、まずは当院の来院患者さんにファンになってもらうこと、いわば「Business to Fan」（BtoF）経営にシフトチェンジしたのです。

ファンづくりのための取り組み

● YouTubeチャンネル

　情報発信において力を入れているのが、2020年9月から概ね月に2度配信しているYouTubeチャンネルです。

　配信の目的は、診療の限られた時間内では伝えきれなかった情報や診療内容の復習として、あるいは自分が罹っている病気についてさらに知識を養うツールとして活用いただきたいという願いにあります。そして、数あるクリニックのなかから当院に期待をかけ、信頼を持って来てくれた患者さんに、もっと良くなってもらいたいという伴奏者としての信念で、言葉に想いをのせてメッセージを送っています。

　制作全般を担当するのはSNS・デジタル部門で、企画は私やスタッフ間でやりたいテーマが自然と挙がって決まります。テーマが決まれば、台本原稿や撮影、編集はスタッフの誰かが挙手制で担います。業務後や合間に行うのは少し負担がかかる面もありますが、制作にかかる一連の業務については、原稿料1,000円、撮影料500円、編集料2,000円のインセンティブを付けています。経費削減はもとより、スタッフのスキルアップや患者さんに感謝を伝える場にもなります。もちろん少しのお小遣い稼ぎにもなり、スタッフからは好評を得ています。

　ちなみにYouTubeで作成した資料は、診療内で患者さんに病態などを説明する際にも活用しています。

第6章　集患よりもBusiness to Fan！

ともに働きたい医師像について語った動画

職員募集を呼びかけた動画

当院のYouTube
チャンネル

■これまでに配信したYouTubeのテーマ

1	クリニック紹介1
2	もの忘れ外来の紹介
3	頭痛外来の紹介
4	MRI検査について
5	クリニック紹介2
6	片頭痛の新薬「抗CGRP製剤」とはエムガルティ・アイモビーク・アジョビ
7	片頭痛の新薬「抗CGRP製剤」とはエムガルティ・アイモビーク・アジョビ2
8	アルツハイマー型認知症の原因と予防：始まりから対策まで【シリーズ紹介】 アルツハイマー型認知症の予防 パート1
9	音楽療法〜脳を活性化する音楽の力〜
10	【認知症予防】余暇と運動の役割／余暇の過ごし方：アルツハイマー型認知症の予防パート2
11	音楽療法士・臨床心理士 〜一緒にやってみよう♪ 1日2分の頭痛体操〜
12	【食事で認知症予防】年齢に合わせた適切な食生活の重要性/アルツハイマー型認知症の予防 パート3
13	【認知症予防】ポジティブな心が鍵/アルツハイマー型認知症の予防 パート4
14	アルツハイマー型認知症を防ぐ社会交流の力：心と体の健康維持法を医師が解説
15	生活習慣病が認知症リスクに与える影響：予防のための知識 【持病の有無】 アルツハイマー型認知症の予防 パート6
16	片頭痛の新薬「レイボー錠」の登場！服用のタイミングが自由
17	医療クラーク
18	6周年感謝の報告会 ダイジェスト
19	予約・キャンセルの方法
20	片頭痛は脳が敏感！？原因から対処法まで徹底解説
21	西洋医学と東洋医学、栄養療法の融合を医師が解説
22	最新の医療設備と快適な空間！札幌いそべ頭痛・もの忘れクリニック院内ツアー
23	【頭痛を栄養で改善？】頭痛薬に頼らずに片頭痛を治す：栄養素療法の効果
24	テレビで有名な清水俊彦先生と対談
25	【片頭痛は人生疾患】症状から診断までの重要ポイントを医師が解説
26	【緊張型頭痛はミニ片頭痛】原因と症状、正しい診断のために【医師解説】
27	【脳腸相関】頭痛を栄養で改善？ 腸と脳の関係から片頭痛を根本から理解し改善：セロトニンと栄養療法の重要性《第1弾》【頭痛専門医が】
28	【認知症】治療と回復の可能性について/もう、認知症は怖くないシリーズ1 『もの忘れ外来のススメ』
29	超高齢者における認知症の実態と診断の難しさ/もう、認知症は怖くないシリーズ2『もの忘れ外来のススメ』
30	アルツハイマー型認知症の全て：症状と早期介入の重要性/もう、認知症は怖くないシリーズ3『もの忘れ外来のススメ』
31	レビー小体型認知症とは？物忘れ以外の症状を徹底解説『もの忘れ外来のススメ』もう、認知症は怖くないシリーズ4
32	【安全なお風呂の極意】ヒートショックを避ける5つのステップ【医師解説】もう、認知症は怖くないシリーズ5
33	親の認知症の早期サイン！○○チェックで日常生活から予兆を観察する方法【医師解説】もう、認知症は怖くないシリーズ6

第6章　集患よりもBusiness to Fan !

34	【幸せな生活が認知症を予防】脳を活性化する生活を医師が解説　もう、認知症は怖くないシリーズ7
35	認知症を予防する4つの生活術：ストレス管理からおしゃれまで医師もやってる予防法【医師解説】もう、認知症は怖くないシリーズ8
36	【若年性認知症】若い人の物忘れは注意信号？薬物・ダイエット・睡眠不足が引き起こす脳への影響【医師解説】もう、認知症は怖くないシリーズ9
37	【80歳超えても元気】医師が教える認知症を予防する有酸素運動の秘訣
38	【医師求人】頭痛・認知症専門、札幌いそべ頭痛・もの忘れクリニックで共に未来を創る医師を募集しています
39	【脳と油】認知症予防や頭痛に良い医師オススメ油3つの摂り方のコツ【医師解説】
40	【クリニック求人】日本唯一の頭痛・認知症クリニックで夢を叶えよう！札幌いそべ頭痛・もの忘れクリニック【医療事務・看護師・臨床心理士
41	【睡眠改善】健康寿命を伸ばすセロトニンと睡眠の科学を医師が解説
42	【質的栄養失調】疲れやすい、集中力低下！不調の原因を改善する食事改善法
43	【頭痛セルフケア】環境・季節の変わり目の頭痛対策を医師が伝授
44	【発作間欠期】頭の痛くない時もスッキリしなのが片頭痛【頭痛専門医が解説】
45	【脳腸相関】第2の脳がある！それは○○《第2弾》【頭痛専門医が解説】
46	【医師が解説】舌に歯形！？その凸凹は不調のサイン！鏡の前で健康チェック！【東洋医学】
47	【脳腸相関】脳に効く？！腸活について医師が解説《第3弾》【頭痛専門医が解説】
48	医師が解説】足を動かしたくなる？足が笑う？むずむず脚症候群を解説します【RLS】
49	【医師解説】サルコペニアに注意！筋力低下と認知症の関係性！？【認知症専門医】【もの忘れ】
50	【疲労】紫外線対策だけじゃない！？ビタミンCの効果【医師が解説】
51	子供にも片頭痛ってあるの?!小児頭痛を頭痛医師が詳しく解説【医師解説】
52	頭痛は、鉄不足が原因かも！【医師解説】
53	朝起きられない…子供に起こりやすい起立性調節障害【頭痛専門医が解説】
54	食べ物を変えると頭痛が防げる！？自分に合った頭痛の予防法を見つけよう！【医師解説】
55	教えて院長！片頭痛にはなぜ鎮痛剤がいけないの??
56	初診の皆さまへ〜頭痛外来〜
57	あなたの片頭痛は、もしかしたら予防治療の適応かも!?
58	初診の皆さまへ〜もの忘れ外来〜
59	その耳鳴り・めまい、実は脳が原因！？【医師解説】
60	新薬"レケンビ"ってなんだろう？〜新しいアルツハイマー治療薬を知ろう！〜
61	新薬"レケンビ"治療を始めるときに知っておきたい注意点とスケジュールを知ろう！
62	そのもの忘れは栄養失調かもしれません
63	【北海道新聞社・大塚製薬共同　女性の健康セミナー】 いつまでも輝くための女性の健康セミナー 〜自分らしく過ごすために〜
64	筋力の低下がもの忘れに関係する！？
65	いそべ先生、教えて！気圧の変化でなぜ体調不良が起こるの？ 気圧が自律神経に与える影響と対処法
66	水素吸入療法ってなんだろう？頭痛にも効果がある？
67	老化予防は糖化予防。アンチエイジングのための生活習慣
68	トリプタン製剤の飲み方

逆境エピソード 動画制作を外注するも失敗

　実は3カ月間だけ、YouTube制作を外注したことがありました。かかった費用は月額20万円弱。しかし、情報のやり取りが上手くいかず、完成形も期待していたような仕上がりにならなかったことから、再び院内にその役割を戻しました。プロから制作のポイントを学ぶことができ、当院スタッフの能力の高さを知る機会にもなり、決して無駄ではなかったばかりか、良い学びだったと感謝しています。

　この失敗を経て、クリニック経営を継続していくには目先の損得だけに終始してしまうと繁栄はできないということを再認識しました。中長期的な視点を持ち、この選択ははたして組織の繁栄に効果的であるか、常に自問自答して判断していくこと。努力よりも正しい選択をする、決断力と実行力が求められます。もし判断を間違えたならば、すぐに引くこと。まさに槍の名手は槍をつく強さよりも引くほうが速いということですね。

Point

★ 既存患者さんのフォローに注力することが集患につながる

第 7 章

数字で見る診療所経営

駐車場拡大と増改築による収入向上

● 脳波検査を全患者に実施

　この章では、少しですが当院のここ5年間の医業収入データを基に経営のポイントをお伝えしたいと思います。**図1**のグラフが、開院から3年を経過した2019年度から駐車場拡大および増改築を行った2023年度の売上推移となります。さらにその割合も**図2**で示しますが、当院の収入となる項目は、保険収入、自由診療収入、治験収入の3つとなります。

　コロナ禍がはじまった2020年度は、前年対比が99.7％とわずかに減少したものの、それ以外は順調に右肩上がりで推移しています。2022年度には医業収入が3億円を突破、翌年には4億円に到達しています。

　まず基本となる保険収入におけるポイントをお教えします。頭痛診療は、画像検査や神経学的診察といった診療報酬の設定はありますが、頭痛だけに特化したものはほぼありません。これが頭痛外来が普及しない一因でもあるのですが、そのなかでも唯一と言ってもいい診療報酬として脳波検査があります。脳波検査は、過呼吸、光及び音刺激による負荷検査を含むものであれば720点算定できます。これは、経営上、重要なファクターとなっています。

　当院では、片頭痛を脳過敏症候群と捉える東京女子医科大学の清水俊彦先生が提唱する概念を取り入れていることから、脳波検査は全患者さんに適応しています。せん妄やうつ病の除外、疾患特有の脳波が確認できて有効とされているため、認知症が

図1　5年間の売上高推移

図2　売上割合の推移

第7章　　数字で見る診療所経営

疑われる患者さんにおいても同様に検査を行っています。患者さんが訴える主観的症状が、頭がもやもやとする、耳鳴りがする、体がふわふわと浮いている感じがする、眠れない、頭がすっきりしない——といった場合、なかなか当事者以外にその辛さを示す客観的な尺度はありません。そんなときに脳波検査により病勢を視覚化することで、片頭痛症状との因果関係を探ることができます。

そして収入の内訳にもあるように、当院では治験も実施しています。医薬品開発の最前線に関わり、患者さんに最新の医療を提供したいとの考えからです。2018年ならびに2019年には、片頭痛の予防注射薬として使用される抗CGRP関連製剤であるフレマネズマブとエレヌマブの第Ⅲ相臨床試験を担当させていただきました。しかし、近年では北海道のような地方においては、治験コーディネーター不足が顕著であるという理由から、なかなか実施できていません。

● コロナによる健康意識の向上を逆手に取る

開業時からの患者数は**図3**の通りです。特に注目していただきたいのは、コロナ禍の2020年から2022年の3年間は多くの医療機関が患者数の減少に苦しんだなか、当院は変わらず右肩上がりとなりました。

その要因は、環境変化や新型コロナウイルス感染症そのものによる影響をはじめ、コロナ頭痛、コロナ後遺症、ワクチン後頭痛、ブレインフォグ、咳頭痛、マスク頭痛、おうちストレス頭痛、もともとの片頭痛の増悪といった副次的な頭痛を訴える人が増えたためです。

100

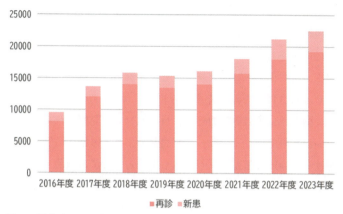

図3　開業時からの患者数の推移

第7章　数字で見る診療所経営

　もう1つは、さまざまな調査でも明らかになっていますが、国民の健康意識が向上したことです。もともと人の健康サポートに重きをおいてきた当院においては、漢方治療をはじめ玄米酵素、抗酸化ストレスサプリ、ビタミンD、亜鉛、還元型コエンザイムQ10などが多く求められるようになりました。

　このとき、真の免疫力として自己治癒力が見直されたのではないかと肌で感じました。発酵食品や小麦、砂糖、植物性油を避けるといった栄養アドバイスも事例とともにお伝えするようにしました。

　そしてスタッフにおいても、福利厚生の一環としてサプリメントを社員販売価格で提供。採血を行い、私から個別で生活上のアドバイスをすることもあります。

　以上のように、おかげさまで当院は順調なクリニック経営を続けることができています。しかし収入つまり利益は、目的ではなくあくまで結果です。悔いがない人生を送りたいという社会のニーズに対し、当院がパートナーとしての価値を発揮できていることは、とても幸せなことだと感じています。

Point

★ 原因治療の探求が収入アップにも比例した
★ 信念を貫くことでピンチを好機に転換できた

第 **8** 章

開業を成功させる
ポイント

頭痛・認知症診療に取り組む仲間づくり

● 開業におけるポイント

　国内において頭痛に悩む人は全国に4,000万人、高血圧を抱える人は4,300万人に迫る人数です。認知症患者さんも同様に、予備軍を含めると1,000万人近い数字に迫ります。しかしながら、頭痛専門医育成の教育施設はごくわずか。私がいくら1人気を吐いたところで、小さな力に過ぎません。そうこうしているうちにも、頭痛に悩む患者さんは増え続ける一方です。

　このような背景があることから、1人でも多く頭痛および認知症診療に取り組む仲間を増やしたいと切に思っています。

　診断の難しさや頭痛診療に特化した診療報酬がない点など難しさが指摘される頭痛クリニックですが、開業にあたってのポイントをいくつかお伝えすることで、少しでもそのハードルが下がれば幸いです。

1．マイナー診療科の需要は目で見せる

　脳神経内科は、とにかく認知度の低さが指摘される診療科です。なかでも北海道は、医師として出発した岩手県と比較しても、その認知度は低いという体感があります。

　今となっては笑い話があります。出身高校の同級生有志らでアルバムを作成するとの案内が届き、私は自身の職業を「神経内科」と記載したのですが、届いた完成品に記されていたのは「精神内科」の文字。精神科でもなければ、世の中にも存在し

ない診療科でした。

　全国的にもそうした誤認は後を絶たなかったことから、日本神経学会は、脳・神経の疾患を診る診療科であることを一般の人々に理解してもらうべく、2017年に従来の神経内科から脳神経内科へと標榜を変更した経緯があります。私は2013年に札幌の民間病院に入職する際、脳神経内科医としての診療科の新設がミッションだったのですが、標榜科名を首都圏ではすでにその動きが見え始めていた「脳神経内科」として申請し、認可されました。

　特に頭痛と認知症は、日本神経学会における主要疾患として脳卒中や神経難病、てんかんとともに５大疾患として定められている疾患です。このような事実をもっと多くの人に知ってもらう活動も当院の使命と考えています。

　そして認知度が低い診療科であることは、資金調達においても不利になります。開業する際、地方銀行に融資をお願いしても前例がほとんどなかったようで、「心の病気を診る診療科なのに、なぜ高額のMRIが必要になるのか」などと言われ、なかなか首を縦には振ってくれませんでした。かたや、たまたま同時期に脳神経外科クリニックがあっさりと開業するのを目の当たりにし、焦りを感じた記憶があります。

　口頭でいくら話したところで銀行員には伝わらないと感じた私は、脳神経内科の医長を務めていた当時の勤務先の病院まで、見学に来てもらうことにしたのです。そこで診察を待つたくさんの患者さんや実際の診療の様子を確認し、ようやく脳神経内科の需要を認識してもらうことができました。

　そこからも容易ではありませんでしたが、無事、開業資金を集めることができました。「百の言葉より一つの行動」が開業には必要かもしれません。

第8章　開業を成功させるポイント

2．目先の利益に踊らされず信念を貫くべし

　開業の地を選ぶにあたり、地下鉄駅から近いというのは譲れない条件でした。当時、浮上した空き物件は地下鉄駅から近いうえ、既にMRIの搬入口が設けられているという好条件。しかしながら、私が導入を考えていた1.5テスラを入れるには小さく、泣く泣くあきらめたのです。でも後から思えば、ここで妥協して搬入可能な0.5テスラに変更していたら、思い通りの土地での開業はかなっても、将来的に1.5テスラ以上の評価でなければ使うことができないアルツハイマー治療の新薬であるレカネマブやドナネマブは取り扱うことができなかったでしょう。

　目先の利益や損得にとらわれるのではなく、目的を明確に、誰のために何のために開業するのか。経営者には中長期的な成長を見越した判断と、信念を貫くことが求められるのだと思います。

3．不得意分野は外部ブレーンを頼る

　当院は、患者情報の検査機器の画像を管理するPACSと、電子カルテを一元管理する配線を敷いています。また電子カルテは、当初オンプレミス型でしたが、増改築によりクラウド型に変えました。それもこれも、DX化時代に適応するためです。SEは雇用していませんが、このようなシステム整備に協力してくれたのが医療機器商社のコンサルタントの方です。

　私はあまりデジタルが得意ではないため、配線だけでなくパソコンのセットアップといった細かなことまで対応いただき助かりました。クリニック経営には外部ブレーンの力も欠かせないと実感しました。

4．相談できる仲間をつくる

　当院同様、頭痛や認知症の患者さんを対象とする平岸脳神経クリニックの及川光照院長とは、互いに何度もクリニックの見学を行い、定期的に情報交換をする仲間と呼べる間柄です。及川先生との出会いは開業後でしたが、２年先に開業をした先輩として、機器やオペレーションなどさまざまなことを勉強させていただいています。同じ脳の専門医といえど、及川先生は脳神経外科医で私は脳神経内科医、エリアも異なるため競合もしません。競合どころか、現在は患者需要のほうが大きい領域であるため、互いに切磋琢磨しているような状況です。

　及川先生以外にも、学会や勉強会、オンラインなどを通じて全国に仲間がいます。開業を考えている先生には、ぜひ他科のクリニックへの見学へ行くこと、そして開業をしたあかつきにはご自身のクリニックを見学に来てもらってはいかがでしょうか。自院の強みと弱みがわかり、工夫がしやすくなります。徹底的に"パクる"ことをおすすめします。経営者は孤独だといわれる生き物ですから、こうした存在は貴重です。開業を考えている先生は、相談できる仲間を１人でも見つけると何かと安心だと思います。

　ほかにも、循環器の視点から予防医学を研究する、すぎおかクリニック院長の杉岡充爾先生をはじめ開業医コミュニティ「M.A.F」での数々の先生との出会いなど、多くの人から刺激をもらい、自院の経営に活かしています。

当院も見学歓迎!!　お気軽にお問い合わせください。
Tel：011-753-6000
Mail：info@isobe-cl.com

第8章　開業を成功させるポイント

開院趣意書

このたび『札幌 いそべ頭痛・もの忘れクリニック』を開院することになりました。

神経内科分野は昔は難病の研究に主眼をおいた"希少疾患内科"と定義された時代がありました。ところが、近年は「頭痛」「認知症」「パーキンソン病」「脳卒中」「てんかん」を代表とした、ますます増加する高頻度な疾患における医療分野で重要な役割を果たす診療科です。特にわが国の4,000万人もが苦しみ健康を害している頭痛と、世界一の長寿国であるわが国において増加する認知症に力を入れることを信念としたクリニック名称としました。

病院では"医学（病気）中心"であるのに対し、複数病気をもった"人を中心（その人らしさを追求するパーソンセンターケア）"にすえた診療をするために独立することを決断しました。

当クリニックでは、①健康寿命を短縮させ人生を破壊する頭痛、②誰がなってもおかしくない最も身近な疾患である認知症、③国民病である脳卒中、④高齢化で益々増えるパーキンソン病、⑤生活支障度の高いてんかん──を5大疾患領域とします。

平成27年6月18日　磯部　千明

リニューアルが発展を加速

● 長年の駐車場問題を解消

　開業後、想定外に頭を悩ませた問題の一つが駐車場です。当院は地下鉄駅出口１分に位置することからマイカー利用は少ないと考え、駐車場スペースとして確保したのは４台分のみでした。もし満杯になれば近くに借りられるだろうと、いささか楽観的に考えていたのです。ところがふたを開けてみると、地下鉄利用の来院者は２割以下で、マイカーによる来院が８割を超える事態。慌てて近隣のコインパーキングなどに交渉を試みましたが、叶いませんでした。仕方なく、やや遠方にあるコインパーキングを一部キャッシュバックする形で対応するも、患者さんには不便をかけてしまいました。向かいにある飲食店に駐車してしまう患者さんもいて、トラブルが起こることもしばしば……。加えて、当院隣の本通りに面した場所に大きなマンションが建ち、当院はその陰にすっぽり隠れてしまい、集患にも影響を及ぼしました。

　そんなことが続いたため他の地区への移転を考えはじめました。しかし心を決めきれず、並行して当院の裏の民家の土地を譲ってもらいたいと、２年がかりで持ち主と交渉を開始。持ち主は、当院の患者さんにもなってくれ、良好な人間関係の構築に努めました。

　しかしそれでも事態は好転せず、いよいよ引越しを決断しようとしたころ──、新型コロナウイルス感染症が蔓延。関係の悪かった飲食店が廃業し、開いた土地を近隣のホテルが買い取

第8章　開業を成功させるポイント

ったことで、一部を駐車場として借りる契約ができました。さらに交渉していた民家がマンションに引っ越しすることが決まり、土地を売却してくれる幸運も続きました。それから1年間は裏の土地は駐車場として利用し、2022年9月から増改築工事を開始、2023年3月にフルオープンすることができたのです。

　リニューアル後は、前の章でもお見せしたように患者数は順調な伸びを見せており、今に至ります。

　ここから学んだのは、あらゆる逆境にはそれと同等か、それ以上の成功の種が隠れているということです。クリニック経営において、チャンスはピンチの顔をしてやってくることも多いのかもしれません。

当院北側に駐車場を作っている様子

14台の車が停められる北側駐車場。南側にも7台分のスペースを確保

● 当院の理念を表すロゴも刷新

　ロゴは、クリニックのイメージを一目で左右する大事なものだと位置づけています。その分、開院時に作ったものがあったのですが、建物のリニューアルを契機に刷新を図ることにしました。デザイナーさんと何度もやり取りをして作ったのは、頭痛ともの忘れに苦しむ人の顔が向かい合った頭上に、明るい未来を象徴するような虹がかかったイラストです。大変気に入っており、院内や名刺、講演スライドなどに活用しています。

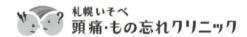

Point

★ 開業には、百の言葉より一つの行動
★ リニューアルを好機に変える

● 生まれ変わった院内のビフォーアフター

〔ロビー〕
Before

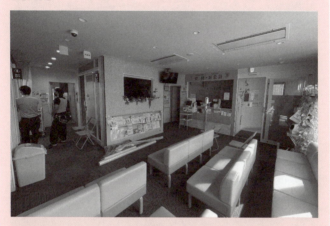

After

第8章　開業を成功させるポイント

〔受付〕
Before

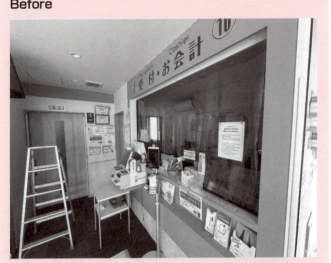

After

〔2階待合室〕

Before

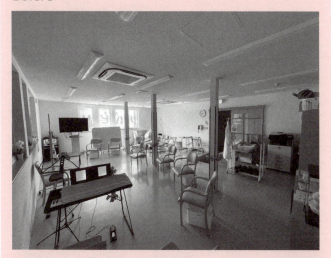

After

第 **9** 章

院長×事務長　対談

仕事そして人生のパートナーとして

PROFILE

磯部 紀子（いそべ・のりこ）
札幌出身。大学卒業後、ハウスメーカーなどを経て税理士事務所に就職し、社会保険労務士資格を取得。2000年に磯部千明院長と結婚し、開業からまもなく事務長に就任し、院長を支える。家庭では1男1女の母。

院長とスタッフの橋渡し役

編集担当（以下、編）　現在、事務長としてどのような業務を行っていますか？

事務長　医療事務や財務管理、人材採用といった労務管理が主な役割です。でも最も大事なのが、院長とスタッフ間の"橋渡し"としての役割だと思っています。私は医療従事者ではないため、開業当初は備品の管理などを手伝っている程度でした。一方で、なかなか院長とスタッフ間の意志の疎通が図れないことが多く、採用してもすぐ辞めてしまう負の連鎖が続いてしまって……。そこで橋渡しになれる存在が必要なんじゃないかなと感じていたら、いつの間にか事務長になっていました。

編 "橋渡し"とは具体的にどのようなことを行っているのですか。

事務長 院長が発信するメッセージ一つとっても、スタッフによってはネガティブに捉えてしまうことがあるんです。それを察したときには、時間と場をつくって、院長の真意がきちんと伝わるような説明をしています。当院はスタッフが女性だけだし、少なからず性差もあるかもしれません。でもやっぱり、院長の決断をスタッフみんなで成功に導きたいと思っているので。

院長 そこはね、僕の課題でもあると思っている。仕事に対して妥協しない姿勢が、相手によっては強烈なプレッシャーになりかねないから。だから事務長のフォローはありがたいですね。もちろん実務的にも、お金が関わるところや事務処理は診療をやりながらではなかなか関与できない部分。だから事務長が、スタッフの給与計算とか税金うんぬんを淡々とさばいてくれるのはありがたい。結婚前に、税理士事務所で働いていたから、労務の知識に明るいところも助かっています。

編 では夫婦でクリニックを経営するメリット・デ

第9章　院長×事務長　対談

メリットを教えてください。

事務長　私が思うに、クリニックの現状と課題、互いに置かれている立場が見えるところかな。サラリーマンであれば、家庭に仕事の話を持ち込まない方も多いのかもしれませんが、我が家は家庭も仕事もほぼ線引きがありません。クリニックだと落ち着いて話もできないため、自宅でスタッフの考えを院長にフィードバックし、改善策を探ることもあります。

　一方でそれが息苦しくなるときも正直なところあって……(笑)。それがデメリットでもあるかな。もう少し私に対して説明があるべきなんじゃない？と思うこともしばしば……。逆に夫婦経営をしているクリニックさんにお聞きしたいところですけど、院長はどうですか？

院長　事務長も知っているように、ここ4年間で仕事に振りきった人生から少しずつ、生活というものに重きを置くようにシフトしているところです。それはクリニック経営者のコミュニティーに参加するようになったことが大きいのだけど、そこで夫婦で院長とマネージャーの関係で円滑なクリニック経営をしている

方々とも知り合いました。同じ目標を持った組織の仲間として夫婦として、多くの学びや情報が共有できていてありがたいと思っていますね。

編　開業から9年目を迎えて、どのような変化がありますか?

事務長　冒頭でも話したように、開業当初は本当にスタッフが定着しなくて、人間関係のトラブルも多くありました。時間の経過とともに、マネジメントの勉強もして、自分たちの未熟さが招いたことなんだとようやく気付きましたね。振り返ると、スタッフの本当の思いを聞くような面談もやっていませんでしたし、心地よく働くことのできる環境づくりをしていたとはいえなかった。それは大きな変化だと思います。

院長　我々は組織を理想の未来に導くリーダーシップを発揮するとともに、スタッフの自己実現の舞台が当院となる環境をつくる責任があります。でもかつては、リーダーシップの欠如やスタッフの主張に感情的に反応してしまうこともありました。正しさを握りしめて、相手を外的に変えようとしたというのか……。でも、経営者はリーダーであり指導者です。理念に基づく一貫した判断軸を持って、組織全体のシステムを構築し、スタッフが内発的に効果的な考え方と行動ができるよう関わらなければならないとようやく気付きました。愛を持って相手の可能性の探求に誠意を傾けることが求められるのだと感じています。

　　マネジメントとは人を管理することではないし、人を介して仕事をする技術なんだと。責任ある役割を自分自身で全う

第**9**章　院長×事務長　対談

できるような人材を育成したいですね。

力を合わせて乗り越えた紆余曲折

編　ではプライベートなことをうかがいますが、そもそもお2人のなれそめは？

事務長　ハウスメーカー時代の職場に、院長のお父さんが測量士として一緒に働いていたんです。

院長　僕はというと、医学部3年生の身分で、パチンコと麻雀をやるような世間知らずの甘ったれでしたね。ただこれは弁解になるかもしれないけれど、母も父からも麻雀くらいできないと社会でやっていけないと言われたせいで、特訓して覚えた遊びなんだけどね。

事務長　ある時、「息子に会ってくれないか」とお義父さんから言われて。最初はびっくりしたけれど無下に断るわけにはいかず、会って何となく仲良くなりました。

院長　学生だったし、1度は離れましたが、大学院生と医局医師をやっていたころに再会しました。勤務していた岩手に来てもらって、町を案内して、脳神経内科の魅力も伝えたうえで、結婚を決めたという成り行きです。

編　それからは、岩手で勤務医人生を全うするのではなく開業という道に行かれました。

院長　当時、開業の意思は皆無。大学で研究者の道を志望して
いました。でも案の定、大学病院の教授選でまさに絵に描い
たような泥仕合に巻き込まれ、心がすっかり疲弊してしまい
ました。そんなわけで、北海道に戻って勤務医の道を模索し
たわけです。この時も開業のかの字も考えたことはありませ
んでした。

事務長　私はずっと盛岡で2人の子どもを育てて、専業主婦と
してささやかに暮らしていくものと思っていたけれど……。

院長　うん、研究者の奥さんになる運命と思っていたはず。そ
れから北海道でしばらく勤務医として働いたけれど、激務で
身体は悲鳴を上げるし、人間関係でもぶつかることが多く、
そもそも本州では一般的ではない神経内科医という立場では、
なかなか思うような仕事ができませんでした。セロトニン症
候群や悪性症候群といった薬害に侵されたことで一時は休職
もし、医学中心の余計な薬は人の人生を破壊すると身をもっ
て体験しました。いまだに後遺症もあるのですが、これが今
の診療理念にもつながっています。
　でもそんなときでも、事務長は愛妻弁当を作って、パート
にも出て家庭を必死で守ってくれ、感謝しています。

事務長　当時は、事務長に呼び出されたとか、看護師さんと衝
突したなど、家に帰ってきてよく聞いていました。でも今考
えると、院長がいつ何どきも患者さんファーストでほかのこ
とが見えなくなるところが、上手くいかなくなる要因の一つ
だったんじゃないかと思いますね。それこそ働き方改革が叫

123

第9章　院長×事務長　対談

ばれる昨今ですが、昼休憩で看護師さんが休みたいときでも患者さんがいれば時間を気にせず診療したり、組織のルールを破ってでも患者さんを診ることを重視するなんて、現在クリニックを経営する身としては、当然、疎ましい存在だとも思います。

でもだからこそ自分がやりたいことをやれる開業医のほうが良いのではないかと思い始めたんじゃない？

院長　そうかもしれない。そもそも、正しさとは生きている人の数ほどありますよね。他人は変えられませんし、変えられるのは自分だけです。この原理原則を知らず無理やり相手を変えようとしていたため、対立に発展するのは当然でしたから。

編　クリニック開業にあたってのお二人の役割分担は？

事務長　一緒に土地を見に行きました。私は絶対、地下鉄駅近郊の立地が良いと思っていました。それとクリニックの名前は、院長は英語にしたいようだったけれど、私は絶対、ひと目で診療科がわかるものが良いと案を

出しましたね。結果的に長くなってしまったけれど(笑)。

院長 その後、増築するときもデザインに対して案を出したり、近隣住宅との交渉もやってくれました。

編 実際に開業してからの日々はどうでしたか?

事務長 思い返しても大変でした。毎朝、子どもたちも含めてお弁当を4人分作って朝6時過ぎには出勤し、20時ころに帰宅。帰宅したら、まずは立ったまま冷凍食品をお腹に詰め込んでから、家族の食事を準備するという毎日でした。そんな生活を続けていたら案の定、3年ほど原因不明の咳が続き、体調を崩してしまいました。

　この経験から、栄養の大切さも身をもって実感しました。患者さんにも、自身の経験談を通じてサプリや点滴の効能も説明しています。

院長 事務長の育った家庭では薬に否定的な考えを持っていたようで、心身健康に生きるということを徹底的に教育されてきたと聞いています。かくいう私も先ほど述べたように薬害を受けた経験があります。要は二人とも薬に対する良いイメージがないんですね。だから自分の実体験をもって、患者さんやスタッフにセルフケアの大切さを話しているから説得力があるし、影響力もあるんじゃないかな。

事務長 そうね。あまり病院にかからない家庭でした。もっといえば、うちの父はお医者さんは変な人が多いってよく言っ

第**9**章　院長×事務長　対談

ていました(笑)。

院長　私は薬をバンバン処方したり、わざわざ病気を見つけ出すようなことをするのではなく、栄養をたっぷりとってセルフケアを継続し、自分らしい生活をすることを後押しするのがポリシーだから。その根本の価値観は合っていることはありがたいですね。

責任の重さを実感する日々

編　先ほどマネジメントの難しさをお話ししていました。

事務長　医師は医療の専門職だから、開業してからクリニックを経営するのはとても大変だと思います。開業前にきちんと自分自身でマネジメントの勉強をするか、妻などパートナーに託すかといった方針は決めておいたほうが良いと感じています。最近になってようやく、マネジメントというものの重要性がわかってきたかもしれません。

院長　スタッフといっても、その背後には家族や両親やさまざまな人の生活が関わっていますから。そういうことも含めた責任の重さというのが、お互いわかってきましたね。

編　今後の展望を教えてください。

事務長　すべてのスタッフが、組織のため、患者さんのために主体的に行動できるクリニックをめざしたいです。同時に、人材も増やして教育体制を確立し、患者さんの期待に応えて

いきたいですね。

院長　人生の目的は幸せになること。世の中が売り上げ至上主義で、目標達成のために手段をいとわないようなやりかたでは、永続的な繁栄は期待できません。これからも、自分たちと縁ある人を健康増進医療で幸せに導きたい。繰り返しになりますが、頭痛の苦しみからスッキリ解放する、認知症はもう怖くない愛溢れる医療、人が治るのは薬ではなく人、病気があっても無くてもなぜか健康な人が増え続けるクリニックであり続けたいですね。

編　では、最後にお互いに向けたメッセージをお願いします。

事務長　スタッフを大切にして、診療理念を全うできるクリニック経営を続けていきたいですね。人はいくつになっても変わることができるということにチャレンジする院長の姿を応援していきたいと思います。あとは何より、互いに健康には十二分に気をつけてサポートしあいましょう。休憩時間も取らずにお昼ごはんをかきこむのはやめて、ときには自分をいたわる時間もつくってほしいと思っています。

院長　社員の統括マネージャーとして子供たちの母として、また妻として、ますます納得いく人生をいち女性として送っていってください。

第9章　院長×事務長　対談

第 **10** 章

事例紹介

第10章　事例紹介

● 事例1　片頭痛患者へのオーソモレキュラー栄養療法

【基本情報】

Kさん／47歳・女、職業は介護職（求職中）

●主訴：頭痛、倦怠感、もの忘れ、不眠

●既往歴：うつ病と診断され抗うつ薬内服中

●BMI：21.3kg/㎡　標準体重

【診断】

①新型うつ（タンパク質代謝の低下・機能性血糖変動症・鉄欠乏症・ビタミンB群不足）疑い

②慢性疲労症候群傾向

③前兆のない片頭痛

【治療方針】

●腸内環境改善目的の処方

●栄養指導：①腸内環境改善、②糖質を減らしタンパク質を増やす、③鉄・ビタミン類の摂取、④血糖スパイクを防ぐ

【栄養解析】

●血液検査から栄養解析を実施

白血球の値とリンパ球と好中球との割合から以下が考えられる

①過緊張傾向で腸の動きが悪く、善玉菌不足を示唆

②尿素窒素が低く蛋白質不足を示唆

③MCV・AST・ALT・ALP・UIBG・フェリチンの値から鉄・ビタミンB群・Mg・亜鉛不足の可能性

④クレアチニンが低値で骨格筋不足が示唆されることに加え、

腸の不調による血糖スパイクを起こすリスクが考えられる

以上のことから、不良な食生活で脳が栄養不足となり、加えて腸内環境が悪化し、栄養を効率よく吸収できず、頭痛やうつ症状・倦怠感・不眠・もの忘れの症状を引き起こしている可能性を考えた。

【栄養介入】

6回にわたって食事記入シートを用いて何度も一緒に振り返りをしながら栄養指導に取り組んだ。

●腸内改善のために麺やパンを減らしたほか、間食を羊羹からいもけんぴやナッツ類に変更。酢を使ったメニューも増やした。

●タンパク質摂取のために、ほぼ食べていなかった肉類を少量でも食べるようにした

●ビタミンB不足対策は、あさりや豆乳を使ったクラムチャウダーなどのメニューを紹介

●血糖スパイクに対しては、食事の間隔を空けないよう1日3食、白米よりも玄米を推奨。さらに黒豆などを入れることで、より血糖値を下げ、栄養価の高いものを摂取

●サプリメントは、亜鉛、ヘム鉄、ビタミンBを強化するNB－Xを継続摂取

【結果】

睡眠の質が良くなり、疲れにくくなったなど症状が多々改善し、とても表情が明るくなっていった。無事2か月後、新しい職場に復帰し、活躍している。

第**10**章　事例紹介

● 事例2　子どもの片頭痛

【基本情報】

Yさん／15歳（中学3年生）・男

●主訴：起床時頭痛による不登校。不眠。

●既往歴：アトピー性皮膚炎

●BMI：22.1kg/㎡　標準体重

【診断】

前兆のない片頭痛

腸内環境不良による現代型栄養失調疑い

※糖質過剰による食生活から血糖スパイクで脂肪肝になり、腸内環境不良から腸漏れ症候群となり、頭痛・不眠・疲労感が引き起こされている可能性がある。

【治療方針】

●腸内環境改善、低エネルギー改善目的の処方

●心理士による認知行動療法

●栄養指導：①腸内環境改善、②糖質を減らしタンパク質を増やす、③脂肪肝による鉄利用障害改善、④エネルギー効率改善

【栄養解析】

●血液検査から栄養解析を実施

①糖質過剰および亜鉛不足による腸内環境不良や腸漏れ症候群を起こしている

②蛋白質不足

③脂肪肝による鉄利用障害

④ビタミンB群不足による疲労感

【栄養介入】

①腸内環境改善のために、小麦のパンや麺から米粉パンや十割そばに変更。発酵食品や野菜を取り入れた

②糖質を減らしタンパク質を増やすため、カップラーメンをやめて魚や肉を採り入れる食事を摂取。

③鉄やビタミン類の摂取を心がけ、具だくさんの野菜スープを推奨。

④エネルギー効率の改善を図り、サバ缶や豚肉といったビタミンB群が含まれる食事で疲労感を改善した。

【結果】

頭痛やアトピー性皮膚炎症状が軽減した。夏休みが終わったら、登校も前向きに検討できるようになった。

Point

　小児の片頭痛は、精神的なものと誤解されやすい傾向があります。例えば、片頭痛症状のある子どもが「静かなところで休みたい」と訴えても、学校では「明るい場所で遊んでいれば治りますよ」と保健室から出るよう促されたり、家庭でも寝ているところを無理やり起こされたり。大人と違って表現に乏しい子どもはなかなか大人から理解されない辛さを抱えています。

第10章 事例紹介

● 事例3 もの忘れ

【基本情報】

Tさん／72歳・女

●主訴：もの忘れが多くなった（本人）、言ったことや言われたことを忘れる、本人がもの忘れを気にしている（家族）

●既往歴：高血圧で血圧コントロールを実施、不眠でベンゾジアゼピンを処方

●家族歴：認知症の遺伝的負荷はなし

【検査】

●初診時MMSE：合計26点で23/24のcutoff値以上。日にちの間違い、計算はシリアル7で1点減点3物品名遅延再生課題で1つが想起障害。

●神経学的診察：礼節保持、動作の緩慢さやパーキンソニズムなし、夢の行動化や失神エピソードなし、構音・歩行および体幹バランスに異常なし

●構成課題：ハトのマネ・逆さ狐は良好、錯綜図の判別も良好

●採血検査：ビタミンB$_1$・B$_{12}$・葉酸定量は正常、甲状腺機能検査は正常、RPR・TPHAは陰性

●初診時MRI（健忘症状から3カ月後）：両側側脳室下角開大なし、基底核・視床、そのほか戦略的脳梗塞なし、視覚的に側頭頭頂葉に萎縮はない、虚血性白質病変なし

【診断】

①ベンゾジアゼピン系薬剤による記憶障害

②健忘型 MCI

134

③①および②の合併

【治療方針】

認知症を含むMCIの可能性の診断には常用している睡眠導入剤の除去が必須。同時に非薬物療法が有効と考えた。

【治療】

①ベンゾジアゼピン系薬剤の中止変更（酸棗仁湯）

②高血圧治療継続，耐糖能障害の予防

③魚を中心とした適切な食事

④１日20分ウオーキング程度の運動

⑤家族・友人との社会的接触や活動

⑥適度な飲酒（ワイン150ml/日）

【結果】

３物品名遅延再生課題が２⇒２、計算が−2→0と２点改善で合計28点に改善。これを継続し、アルツハイマー病による認知症の発症を約１年半遅らすことができた。

第10章　事例紹介

● 事例４

【基本情報】

Ａさん／50歳代前半・女

● 主訴：頭がもやもや、腹痛嘔吐、うつ病を心配

● 既往歴：10歳から頭痛、就職後に月１回の発作。左目の奥
から後頭部にかけて拍動性に痛む。体動による増悪あり。光
や音過敏あり、悪心・嘔吐あり、肩・首の凝りは普段からあ
る。出産後から頻度が増加しており、持続１・２日間でOTC
の鎮痛薬を服用して寝れば翌日改善する。頭痛以外にめまい
もある。寝床に入ると足がむずむずして何度か目覚める。
３か月前には顔から腕にしびれを認め、病院の脳神経外科
（非頭痛専門医）を受診し、MRI検査を受けたが問題なしと
言われ、Nsaidsが処方された。

【検査】

脳MRIでは２次性頭痛を支持する所見なし

【診断】

脳波ではてんかん波はないが、光と過呼吸でsmall spikesが出現

【治療】

西洋医学として、ドンペリドンおよびエレトリプタンを処方し、
様子を見つつ低気圧のときは、ジフェニドール塩酸塩も処方。
セルフケアとして、腹巻きなどで体を温めるほか、炎症を起こ
すような冷える食べ物を抑え、ゴマやショウガなどの薬味の摂
取を推奨した。

【結果】

前兆のない片頭痛。慢性片頭痛、薬剤使用過多にともなう頭痛。
脳過敏症候群の影響

おわりに

　最後まで読んでいただきありがとうございました。私が考える人生の究極の願望とは、幸せに満ち溢れ、悔いなく生き切ることです。読者の皆さんはいかがでしょうか。

　これからの医療機関は、病気を治す場所から、健康で理想的な人生を手に入れることができ、豊かで明るい社会の実現をめざす場所になれば良いというのが私の考えです。そうすれば、将来どんな時代が訪れても、医療を通じ、縁ある人を幸せに導く場所として永続的に繁栄していくことができるのではないでしょうか。

　本書ではあまり触れませんでしたが、当院はセミナールームで2ヵ月に1度、「認知症オレンジカフェ」を開催しています。あと少しで50回目を迎えます。認知症患者さんやご家族だけでなく、20代から80代まで多世代にわたる地域住民にご参加いただいています。参加者の方から「魂だけは歳を取らないと、自信を持って前向きに生きていくヒントをもらった」とうれしい声をかけられることもあり、モチベーションになっています。

　これからも、頭痛患者さんや認知症患者さんが、目標を持ち、充実した生活を送るサポートに取り組んでいきたいと思います。また、スタッフの物心両面の幸せな人生を実現できる舞台がこの組織となるように、社会になくてはならない頭痛・認知症の拠点（ハブ空港化）の実現に向けて歩んでまいります。

　ぜひ、皆さまのクリニックが永続的に繁栄していく組織となることを願ってやみません。

2025年2月9日　磯部千明

● 著者略歴

磯部 千明
いそべ・ちあき

医療法人 札幌いそべ頭痛・もの忘れクリニック
理事長／医学博士

1969 年、北海道千歳市生まれ。
1996 年、岩手医科大学医学部卒業後、岩手医科大学附属病院 神経内科助手を経て、盛岡市立病院神経内科医長、千歳第一病院神経内科部長、札幌東徳洲会病院脳神経内科部長を歴任。2016 年、札幌いそべ頭痛・もの忘れクリニック開業。2018 年、医療法人化。

資格・所属学会
日本神経学会脳神経内科専門医・指導医、日本頭痛学会頭痛専門医・指導医、日本認知症学会認知症専門医・指導医、日本脳卒中学会脳卒中専門医、日本内科学会認定内科医、日本糖尿病協会療養指導医、身体障害者指定医、指定難病認定医、臨床研修指導医、コウノメソッド実践医、ボトックス治療免許、t-PA 治療免許、救急救命 BLS、ACLS 講習受講医、認知症サポート医、かかりつけ医認知症対応力向上研修受講医、日本東洋医学会会員

●写真撮影（第9章）

守澤佳崇（AROUND80）

●装幀／本文デザイン・DTP

株式会社明昌堂

頭痛・認知症診療で
クリニック経営を成功させる技術

2025年4月24日　初版第1刷発行

著　者	磯部千明
発行者	林　諄
発行所	株式会社日本医療企画
	〒104-0042　東京都中央区入船3-8-7
	ザ・ロワイヤルビル
	TEL 03-3553-2861（代表）
	https://www.jmp.co.jp
印刷所	三美印刷株式会社

©Chiaki Isobe 2025, Printed and Bound in Japan
ISBN978-4-86729-380-5 C3034（定価はカバーに表示してあります）